高等学校数字媒体专业系列教材

# 新媒体实践教程

吴 磊 何 雷 曾 伟 主 编
郭 倩 陈 文 戴陈丽 副主编
刘晓江 陈心荷 邓 智 张茂玲 杨一柯 杨 磊 刘羿辰 参 编

清华大学出版社
北京

## 内 容 简 介

随着 5G 时代的来临，短视频逐渐成为新媒体营销的重要手段。本书旨在帮助新手和传媒类专业学生快速掌握新媒体短视频的运营技巧。全书共 14 章，涵盖从概念、策划、拍摄、引流到变现的全过程。本书浅显易懂、实用性强，通过丰富的案例和图片展开知识讲解，帮助读者轻松掌握新媒体短视频运营的精髓。

本书适合作为各类高校相关专业的教材，对于想要进入新媒体行业的人士，本书是一本不可多得的实战攻略秘籍。

版权所有，侵权必究。举报：010-62782989，beiqinquan@tup.tsinghua.edu.cn。

图书在版编目（CIP）数据

新媒体实践教程 / 吴磊，何雷，曾伟主编 . -- 北京：清华大学出版社，2024.9. --（高等学校数字媒体专业系列教材）. -- ISBN 978-7-302-67401-6

Ⅰ . G206.2

中国国家版本馆 CIP 数据核字第 2024P8E147 号

责任编辑：郭　赛
封面设计：杨玉兰
责任校对：刘惠林
责任印制：刘　菲

出版发行：清华大学出版社
网　　址：https://www.tup.com.cn，https://www.wqxuetang.com
地　　址：北京清华大学学研大厦 A 座
邮　　编：100084
社 总 机：010-83470000
邮　　购：010-62786544
投稿与读者服务：010-62776969, c-service@tup.tsinghua.edu.cn
质量反馈：010-62772015, zhiliang@tup.tsinghua.edu.cn
课件下载：https://www.tup.com.cn, 010-83470236

印 装 者：三河市君旺印务有限公司
经　　销：全国新华书店
开　　本：210mm×260mm
印　　张：10
字　　数：354 千字
版　　次：2024 年 10 月第 1 版
印　　次：2024 年 10 月第 1 次印刷
定　　价：49.90 元

产品编号：102258-01

# 前　　言

互联网的发展和 5G 时代的来临推动了短视频时代的加速到来。短视频相对于传统视频来说，具有信息碎片化和与用户深度互动化等优势，因此，在这样的时代背景下，各大新媒体平台、新媒体创作者、电商等也开始关注新媒体短视频营销，旨在挖掘短视频的巨大潜力。

目前，与新媒体相关的书籍层出不穷，尤其是与短视频制作、运营等相关的内容也慢慢增多，但却出现了一些概念模糊、缺乏理论与实践结合的问题，基于此，本书从众多的新媒体营销活动中提炼大量有价值的技巧，收录媒体实战案例和相关理论资料，以帮助读者了解新媒体短视频运营，以便早日熟练掌握运营和营销技巧。

但是，对于一些新媒体运营的新手和相关院校的学生来说，应该如何进入新媒体行业呢？针对新媒体这个有效的引流和营销工具，到底应该如何做呢？

- 创作者如何拍摄和剪辑才会吸引用户注意？
- 运营者如何应用各 App 实现引流？
- 短视频如何实现快速营销和变现？

针对这些问题，本书以理论和案例相结合的形式一一解答。本书共分 14 章：第 1~4 章为实战基础，全面呈现新媒体运营、新媒体运营的四大要素、新媒体活动策划及文案的编制；第 5~9 章为实战精髓，从新媒体引流出发，分享当前火爆全网的直播引流、热门的 App 引流和线下引流的方法与技巧；第 10~14 章为实战综合，也是本书的重点内容，从短视频的前期策划、中期拍摄、后期制作、运营推广以及变现角度入手，分析各大热门新媒体平台的营销特点和技巧，通过图片加案例的形式呈现。

本书特点如下。

1. 浅显易懂，实用性强。

本书是为众多新媒体运营者量身打造的实战攻略，其中没有晦涩难懂的理论，也没有毫无逻辑的长篇大论，是一本浅显易懂的实操性教程，对短视频的策划、拍摄、后期引流和变现等问题进行透彻的讲解，为新媒体运营者带来一场全新的盛宴。

2. 内容全面，详略得当。

从内容来看，本书对新媒体的运营、短视频入门、名片、定位、拍摄、后期、引流、营销和变现、各大热门 App 特点及运营技巧等问题均进行具体的说明，涵盖微电商运营的全部框架性内容，并且详细叙述重要细节，省略烦琐多余的内容，力求为读者呈现条理清晰、层次分明的电商运营图谱，对新媒体运营新手有较强的指导意义。

3. 图文并茂，案例丰富。

本书使用大量的图片阐释文字内容，书中的案例分享、技巧要点和注意事项均使用图片进行生动描述。

参与本书编写的人员有刘晓江、陈心荷、邓智、张茂玲、杨一柯、杨磊、刘羿辰、农色兵、陈明、靳鑫、谭良熠、邓玲芝等。

由于新媒体的形势变化较快，书中难免存在因信息时效性导致的疏漏和不足之处，恳请广大读者批评、指正。

编　者
2024 年 8 月

# 目　　录

## 第1章　新媒体运营基础 ··· 1
### 1.1　新媒体运营 ··· 2
### 1.2　企业新媒体运营的四大要素 ··· 3
### 1.3　构建新媒体平台的盈利模式 ··· 6

## 第2章　新媒体营销基础 ··· 8
### 2.1　新媒体营销的发展历程与方向 ··· 9
### 2.2　主要新媒体平台的发展历程 ··· 9
### 2.3　新媒体营销的发展趋势 ··· 11
### 2.4　新媒体运营人才应具备的技能 ··· 12
### 2.5　新媒体平台与新媒体运营工具的使用与操作 ··· 12
### 2.6　新媒体运营的注意事项 ··· 14

## 第3章　新媒体活动运营实操攻略 ··· 18
### 3.1　新媒体活动运营的策划流程 ··· 19
### 3.2　新媒体活动运营实战技巧 ··· 21

## 第4章　新媒体文案写作 ··· 26
### 4.1　标准化内容制作流程 ··· 27
### 4.2　新媒体内容栏目规划 ··· 28
### 4.3　新媒体文案选题与构思 ··· 28
### 4.4　选择网页浏览器 ··· 30
### 4.5　素材库分类 ··· 30

## 第5章　新媒体引流 ··· 37
### 5.1　直播引流方法 ··· 38
### 5.2　App引流方法 ··· 42
### 5.3　线下自媒体社群引流方法 ··· 46

## 第6章　短视频营销综合实战 ··· 48
### 6.1　短视频定位 ··· 49
### 6.2　短视频模式 ··· 49
### 6.3　短视频效果 ··· 50
### 6.4　各种类型，焕发短视频的夺目光彩 ··· 51

## 第7章　拍摄技巧，轻松拍出大片 ··· 53
### 7.1　设备 ··· 54
### 7.2　构图——凸显画面的最佳美感 ··· 57

7.3 操作技巧——让拍摄变得更简单的秘诀 59
7.4 两大技巧，实战中不可不知的秘诀 64
7.5 五个步骤，让短视频拍摄成为小菜一碟 67

## 第8章 手机平台，玩转短视频拍摄 70

8.1 六个热门应用，助力短视频拍摄更上一层楼 71
8.2 五种拍摄诀窍，于细节处窥出作品成败 75
8.3 四种自拍新招，简单操作打造唯美效果 77

## 第9章 后期软件，打造优秀作品 79

9.1 五种后期App，移动端的视频加工法宝 80
9.2 五款后期电脑软件，电脑端的视频剪辑帮手 83
9.3 五种辅助工具，以细节打磨出精彩的短视频 85

## 第10章 小影App，举腕之间，气宇不凡显大气 87

10.1 前期拍摄，一手打造高质量作品 88
10.2 后期制作，借助工具渲染短视频 89
10.3 发布分享，多渠道传播优质内容 97

## 第11章 今日头条，手机摄影《春夏秋冬》明特色 101

11.1 前期拍摄，精心筹划视频进程 102
11.2 后期处理，依据步骤循序渐进 103
11.3 发布分享，瞄准目标，一步到位 113

## 第12章 淘宝平台，《手腕爱恋》绽放手腕光芒 116

12.1 前期拍摄，准备充分，胸有成竹 117
12.2 后期制作，精心孕育，大有可为 119
12.3 发布分享，曝光效果，扩大影响 127

## 第13章 手机微商，《完美肌肤，自由畅享》彰新意 131

13.1 前期拍摄，准备有序，井井有条 132
13.2 后期处理，认真细致，大放光彩 134
13.3 发布分享，一鼓作气，针对推广 139

## 第14章 变现秘诀 140

14.1 电商变现，垂直细分，打造盈利堡垒 141
14.2 第三方广告，高效引流，达成变现目标 145
14.3 标签化IP，人气满满，轻松获取利润 148
14.4 知识付费，干货内容引得众人追捧 149
14.5 大咖式变现，衍生模式也可成功获利 150

**参考文献** 153

# 第 1 章
# 新媒体运营基础

### 知识导读

"媒体"这一名词最早来源于拉丁语,被翻译为"媒介",其意为两者之间。媒体是指传播信息的媒介,它是指人借助用来传递信息与获取信息的工具、渠道、载体、中介物或技术手段。不仅如此,媒体还是传承人类文明、推动社会经济发展的重要手段,它使人与事物之间的距离变得更近,也拓宽了人与人之间的交流领域。

### 学习目标

- 了解新媒体运营的范畴
- 了解新媒体运营的入门技巧
- 掌握企业新媒体运营的四大要素
- 构建新媒体平台的盈利模式

## ▶ 1.1 新媒体运营

新媒体运营是建立在现代化移动互联网的传播基础上，以 QQ、微信、微博、各个短视频平台等新兴媒体平台工具为途径进行宣传、推广、营销等的一系列运营手段。通过策划品牌相关的优质、传播性高的内容和线上活动，向客户广泛推送或精确推送消息，提高参与度和知名度，充分利用粉丝经济，从而达到相应营销的目的。

### 1.1.1 新媒体运营范畴

企业新媒体代表一种品牌与市场营销的思维，人们所说的微信、微博等仅是一种途径而已。在内容的生产、新媒体活动的策划表现、企业产品 IP 化推进、企业产品创新、用户在线服务与运营等多方面都属于新媒体范畴。对于不同类型的行业与企业，运营范畴根据公司需求是有所不同的，如经营范围和规模较小的公司只需要做好微信、微博就可以，而经营范围广且规模较大的公司呈现的运营内容就相对较多。

### 1.1.2 新媒体运营的入门技巧

就目前的传媒大环境而言，新媒体的传播形式无处不在。微博和朋友圈是每日必刷，今日头条和公众号是时常浏览，睡前观看的各个短视频平台，有问题必看的知乎，影评常用的豆瓣，这都是新媒体充斥生活的表现。如何做到内容吸引受众，如何将运营的粉丝和内容变现，这两个问题成为关键。想要快速进入这个朝阳行业，就要从入门技巧开始学习。

（1）了解新媒体。"新媒体运营"这个词由两个名词组成，分别是"新媒体"和"运营"，"新媒体"指的是通过 QQ、微博、App、微信、快手、头条等新媒体展示平台进行引流；"运营"是指通过各类活动或展示使用户存留及转化。新媒体运营包含以下几方面：内容、渠道、活动、用户和数据等。

（2）熟悉新媒体。每一个新媒体平台都有各自引流的技巧和方法，这些方法需要用户了解和摸索，需要付出时间和精力。不同的平台有不同的规则，如果触犯了平台规则，将会承担不同程度的后果。如果是新手上场，熟悉新媒体平台就十分重要。根据个人擅长的领域，每天持续发布内容，熟悉以后即可结合实际情况进行内容升级。

（3）拥有持续学习的能力。结合当下互联网大环境，需要不断充实个人的网络知识，拥有互联网思维方式。除此之外，还要学会使用各类软硬件工具来提高制作效率。当熟悉各个平台以后，就可以借助各类互联网工具来提升工作效率。例如，影像处理工具、百度云、视频剪辑工具、海报制作工具等。工具仅可以作为制作用具，在新媒体运营中，最关键的是不断学习和思考，从而提升个人制作能力。

（4）拥有独特的眼光。成功的产品推广方案离不开准确的产品定位、销售目标人群分析以及制定有效的相关方案，这样才能开始建立团队并执行，从而达到高效推广，将内容影响扩大。在这个过程中，需要拥有独特的眼光和冷静的头脑，根据客户的内容所需做到有价值的推广。

（5）高价值内容必胜。切勿眼高手低，必须脚踏实地。从低做起，谦虚有礼，方为大计。高价值的内容不仅是引流的关键，也是核心，如果内容没有价值或价值不高，就无法引起关注，后续推广就无法得到良好的展开。低质量内容无法长久生存，制作者慢慢就会失去信心。如果是新人，必须从基础开始，多向高手学习，在实践中见真知。

### 1.1.3 新媒体运营的思维工具

思维工具是指能有效影响思维抽象活动、提高思维效能、延伸思维深度，能把抽象思维过程可视化的一类方法技能。从事关于自媒体推广和运营的工作，必须拥有属于自己的一套运营工具，图 1-1 所示为新媒体运营工具的思维导图。

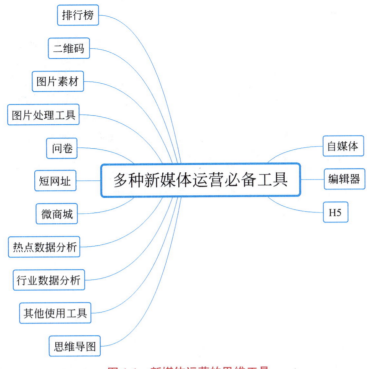

图 1-1　新媒体运营的思维工具

## ▶ 1.2　企业新媒体运营的四大要素

如何有效进行企业新媒体运营是十分重要的，以下将介绍四大新媒体运营要素，并通过简要分析，提升运营质量。

### 1.2.1　定位：抓住用户的核心诉求

"定位"一词出自《韩非子·扬权》，意指确定方位，确定或指出某个地方，确定场所或界限。"定位"一词的使用具体到新媒体运营中，呈现最多的就是企业新媒体的运营定位，但是很多企业的新媒体运营定位并不清晰。企业宣传部门想要得到市场的最新动态，希望通过内容与用户互动，也需要心灵鸡汤或是产品推广等内容。视觉风格、内容风格都呈现出混乱状态是定位不清晰的典型表现。

具体目标实现是十分重要的，只有明确了具体目标才能进行准确定位。对于企业而言，解决这一问题需要从多方面着手，最直接的方法就是企业的新媒体表达属性与最终目的的达成，以及用何种姿态面对广大新媒体用户。明确的定位需要持之以恒地推动下去，企业可以根据自身属性进行分类，如工具支持型、用户服务型、产品营销型、电商服务型、平台交易型、资讯信息服务型等。

例如，"联联周边游"订阅号就是目前市场较为热门的订阅号，用户十分喜爱，用户喜爱它的原因是其内容使用了轻松的语气风格和直白的表达方式，不仅如此，因为"联联周边游"本身已经成为很多用户常用的优惠交易平台，其意义是将优惠产品推送给用户，使用户从中得到实惠，所以"联联周边游"得到了用户的信任和使用，这就是精确定位。不同类型的订阅号不能单纯模仿，因为定位不同。

在决定一个企业公众号的定位前，要注重具体的实现性和功能属性，因为这不同于企业宣传，而是新媒体宣传服务过程中对企业新的认识和新的开始。企业公众号不仅可以用做宣传，也可以成为优秀的服务平台。

## 1.2.2 策略：现实内容价值转化

策略一般指的是策划和谋略，即可以实现目标的方案集合，其既是根据形势发展而制定的行动方针和斗争方法，也是注意方式方法的斗争艺术。策略实施好比是迷途中的指南针，能指引正确的方向。在做好定位的前提下，看似策略不实际，但是在最终结果体现中却非常明显。

在新媒体运营策略中，新媒体内容分发模式十分重要，如今日头条、一点资讯等优秀的聚合类媒体平台正在成为新媒体运营中重要的流量与用户价值入口。垂直媒体聚合模式是近两年全新的新媒体运作模式，在这样的模式下，构建基于微信、微博、企业 App 之外的多媒体分发平台，对企业来讲是非常重要的一种举措。由手机端出发，使用内容营销的模式，投入用户聚集度较大的平台之上，寻求诉求并迎合各个平台的特点，即可有效实现企业品牌内容塑造的传播。

在新媒体运营方面还有一点非常重要，就是内容生产的模式和逻辑。在运营过程中，除了企业的运营专员产生的内容以外，还可以构建行业社群和粉丝社群，这样可以使更多的人参与到内容的生产中，这对企业品牌的塑造和传播具有非常好的影响。这一点需要建立在企业新媒体运营中并具有高效的逻辑，才能高效实施，体现价值。在实现以内容营销为核心的构建中，新媒体运营良好的生态制度和建设是值得借鉴的，打造企业 IP、建立和打通企业新媒体与用户价值实现的利益共享机制等工作，都可以成为企业新媒体运营的策略。

对于不同企业的需求、所要表达的不同目标而言，任何新媒体运营模式都需要以内容为基础，在内容优化的基础上通过渠道和人员的共同努力实现运营目标。

## 1.2.3 运营：优化运营整体方案

"新媒体运营"这个名词经常出现在日常交谈中，但并不是谈的人多，成功的人就多。其实，运营新媒体失败的人并不少。可以从多方面探讨新媒体运营的道路，对运营的各个环节需要有全面的知识和高度的了解，这样才能在运营和实施的过程中游刃有余（图1-2）。

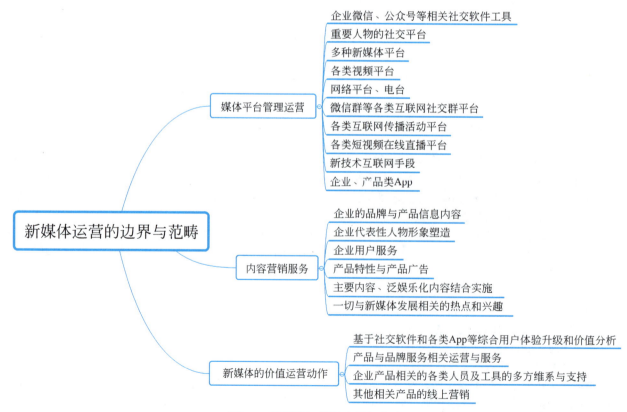

图 1-2　新媒体运营的边界与范畴

在企业运营的过程中，新媒体运营专员需要解决的问题是如何进行新媒体的运营实现。核心在于需要一套有效的运营方案，要善于使用相关各类工具，为运营过程中遇到的各类情况做好准备。

### 1.2.4 团队：搭建运营团队整体方案

团队对于新媒体运营是至关重要的。团队是由一群人组成的一个共同体，一个团队需要优秀的人才，更需要组织者和领导者，要有共同的强烈欲望和明确的目标。一个团队中，每个人都有自己的特长，把每个人的特长集中在一起，才能干大事。企业新媒体的成败与运营的人员和团队的关系是十分紧密的，在内容营销中，团队产生的价值是突出的、重要的。

一位成熟的新媒体运营者可以从若干细微的展示形式中展现新媒体运营的价值和意义。新媒体运营团队中的核心人物对于整个运营团队来说是至关重要的，核心人物除了把握营销和运营大方向以外，还要对质量和内容进行严格把关，并且具有领导能力和团队协作能力，这就需要这位核心人物具有良好的人际关系、人格魅力，并掌握新媒体运营全方位的知识和思维技巧。构建一个新媒体运营团队需要的不仅是编辑和美工，为保证有效运营，需要的是多方面的资源和专业人员的支持，这样才能成就企业的诉求（图1-3）。

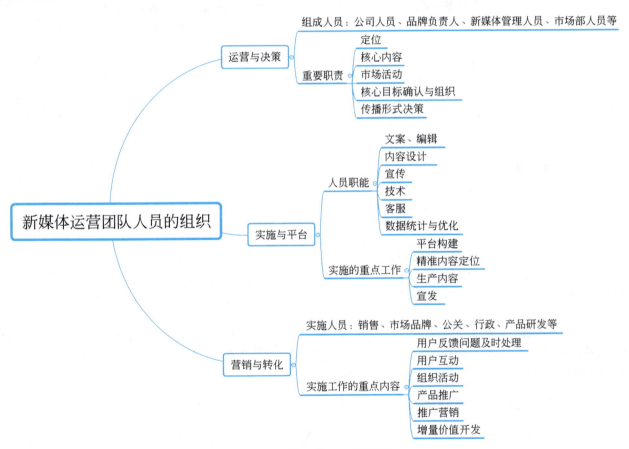

图1-3 新媒体运营团队人员的组织

图1-3对企业进行新媒体运营实施的各种人员因素进行了比较和分析。在当今的新媒体时代，新媒体运营不是一项简单的基本操作，而是一个非常具有价值的多因素综合管理。

## 1.3 构建新媒体平台的盈利模式

技术的创新和发展带来了令人目不暇接的新媒体形式和终端，在与传统媒体的竞争中，新媒体的商业模式不断发展并逐渐成熟。从数字技术构建的新媒体运营方式入手，主要有新媒体发展的物质经济基础和盈利模式。

### 1.3.1 盈利模式1：粉丝变现

当前，人们的娱乐生活十分丰富，短视频、微博、微信公众号等新媒体平台充斥着人们的业余时间，社交也因此更加多样化。很多社交软件及新媒体平台对于用户是免费使用的，但是新媒体的生存需要资金。盈利方式有多种，普遍的盈利方式主要有两种，分别是广告和会员缴费。

粉丝变现也是众多盈利方式中的一种，粉丝变现简单理解就是通过粉丝获取利益。现在，自媒体中的大咖、小咖很多，有很多新人投入自媒体创业。在公众号上，写文章吸引粉丝阅读可以通过文章底部的广告获得收入。一篇优质的文章，通过转载、公众号推送等多种方式获得10万+的阅读量是十分轻松的，粉丝或者是未关注的用户在阅读完毕后点击文章底部的广告，文章的创作者或文章隶属的公司就可以得到收入，再通过转载等传播方式即可获得更多的收入。

目前，自媒体平台的数量很多，种类丰富，如头条号、UC号、网易号等。部分平台允许携带广告，部分平台不允许携带广告。不允许携带广告的平台可以依靠系统中插入的广告获得收入。自媒体的快速发展造就了新媒体时代的辉煌，当下，人人都是其中一员，人人都可以投身其中，人人都可以免费注册。相对其他行业来讲，新媒体时代的变现速度是非常快的，很多从业者批量操作，写文章、写故事以赢得用户、粉丝的青睐，受到推荐，从而获得收入。

### 1.3.2 盈利模式2：品牌广告

无论是传统媒体还是新媒体，广告的收入都十分重要，是主要的收入来源，但是受众或用户必须观看产生内容中的广告。在新媒体平台中，内容受到的关注量越大，广告收入就越多。很多门户网站、视频网站、网络平台、直播平台等都是通过其内容吸引用户的关注或持续关注，拥有很多投放广告的位置，从而获取利润。内容免费目前已经在大多数用户的头脑中形成固有印象，所以很多广告主也纷纷转战线上进行广告投放。

就传统媒体与新媒体而言，新媒体的广告投放更加多元化，展示内容不再固有，呈现多角度和多形式，形式上如横幅广告、按钮广告、内容植入广告、链接广告等，内容上如产品广告、观念广告、公益广告、品牌广告等，类型十分丰富。

时代脚步不停歇，广告呈现的方式也在不断增加，新媒体时代的到来让广告投放方式更加适合快节奏的生活方式及移动互联网碎片化的多元消费。为了达到广告推广效果，很多商家线上线下两步走，传统媒体和新媒体同时投放，以获得最佳宣传效果。

### 1.3.3 盈利模式3：内容付费

内容付费是新媒体变现的一种常见方式，但是并不成熟，属于初级阶段，效果理想性不佳。远瞻未来，相信内容付费会发展得更加成熟，成为主要的收入来源之一。

目前，新媒体平台中内容付费较多的是十分火爆的网络小说，多是前几章免费阅读，后续内容需要付费，或者是每天免费推送几章内容，如果用户想在当天持续阅读，就必须按平台要求付费。当有些用户养成了持续阅读内容的习惯后，就必须通过付费满足持续阅读内容的需要。

除了以上内容付费的案例以外，视频网站同样如此，如通信运营商（中国移动、中国电信等）固定的合作商家（优酷视频、爱奇艺视频等）。

### 1.3.4　盈利模式 4：内容电商

新媒体的发展势头十分迅猛，为电商带来了更多的销售机会。例如，当用户打开淘宝时，从前的搜索内容、各类直播或视频的购物推荐都使用户的消费选择变得更加丰富多样化。

部分新媒体展现的内容是为电商引流，因为新媒体是无法完成自我生产、配送等环节的，唯有充当中间商的角色，所以新媒体产生的内容并不一定是由自身产生的。例如，美团、大众点评网、饿了吗、联联周边游等。

在信息时代，人们的消费能力越来越强，新媒体凭借自身的属性为电商打开了新的销售模式，可以帮助电商用户随时随地进行消费、高效购物、降低购物时间、多重对比、优惠好省，无论对电商还是用户而言都是良好的衔接。

### 1.3.5　盈利模式 5：社交变现

社交软件将与自身有关的朋友、亲戚、同学等密密麻麻地织成一张关系网，网内有沟通、有交流。在这样的情况下，很多沟通交流的社交软件就此登场。彼此之间就是对手，为了能够从中胜出，内容优化、盈利渠道的拓展和优质用户的把握是十分重要的因素。

在社交变现中，广告依然是主要的盈利模式，如微信，用户在查看朋友圈时会看到强制广告，很像是好友发送的，而用户自身的好友在广告下的留言是可见的，好友相互之间均可留言互动，为广告播放增加了趣味性，吸引到了足够多的关注。

除了广告的盈利方式以外，还有其他盈利方式，如品牌的宣传、企业用户的宣传、个人的宣传等。社交推广具有十分强大的能力，可以为品牌方或企业进行有效宣传和推广，成为很多营销活动的有效助力者。

# 第 2 章
## 新媒体营销基础

**知识导读**

近年来,新媒体行业快速崛起,受到各大企业、品牌的追捧。新媒体具有交互性强、时效快、涉及领域广、影响力大等特征。各大企业、品牌开始利用其优势建立自媒体号、企业大号进行品牌营销工作,并取得显著的成效。新媒体营销的概念就此应运而生。

**学习目标**

- 新媒体营销概念的认识与理解
- 了解新媒体的信息捕捉能力、文字功底、整合能力
- 学习新媒体平台与新媒体运营工具的使用与操作

## 2.1 新媒体营销的发展历程与方向

新媒体与媒体具有相互联系、密不可分的关系。媒体（media）这个词来自于拉丁语中 medius，又称为媒介。媒体就是传播信息的媒介。《传播学教程》中指出"媒体是指人借助用来传递信息与获取信息的工具、渠道、载体、中介物或技术手段。也可以把媒体当作把切实的信息从源头传递到受众的一种技术方法。媒体有两层含义，其一是承载信息的物体，其二是指存储、呈现、处理、传递信息的实体。"媒体可以理解为能进行信息传播的宣传平台。传统的媒体有四个，分别为报纸、电视、广播、杂志。

新媒体是相较传统媒体而言的，可以理解为升级版的媒体形式，如网络、数字期刊、数字报纸、数字广播、手机客户端、数字电视、数字电影、触摸式屏幕等。新媒体又被称为"第五媒体"。

《连线》期刊对新媒体的定义为"所有人对所有人的传播"。新媒体的理念最早出现在1967年，由美国哥伦比亚广播电视网（CBS）技术研究所所长戈尔德·马克提出。随着时代的发展和科学技术的进步，新媒体利用数字技术、网络技术、移动技术，通过网络、卫星系统将数据发送到电视、计算机、手机等终端设备上，为用户提供信息、大众娱乐等服务。联合国教科文组织对"新媒体"一词的定义为"以数字技术为基础，以网络为载体进行信息传播的媒介"。严格说来，新媒体应该称为数字化媒体。

常见的新媒体平台有以下五种：第一种，对用户认同感要求较高的半封闭式新媒体，如微信公众号、QQ公众号平台等；第二种，适合快速浏览的短信息平台，如新浪微博、今日头条的微头条等；第三种，适合做自媒体的开放推荐式平台，如今日头条、搜狐自媒体、网易自媒体、一点资讯、UC自媒体、百家号等；第四种，视频式平台，长视频平台如优酷视频、爱奇艺、土豆视频、Bilibili（B站）、腾讯视频等，近几年火起来的短视频平台如抖音、微视、快手、火山小视频等；第五种，主要做品牌宣传，软性植入品牌，推广品牌，从而获得粉丝流量的问答平台，如悟空问答、百度问答、知乎问答、微博问答、搜狗问答、360问答等。

新媒体营销是指利用新媒体平台进行营销的模式，可以理解为通过对企业、品牌、产品策划优质的内容、利用高度传播的特性，采用线上活动等方式，广泛或精准地向客户推送产品信息，针对消费者的心理进行引导的一种营销模式，旨在扩大企业、品牌或产品的影响力，充分利用粉丝经济，达到相应的营销目的的一种新的媒体手段。

2003年7月，美国新闻学会的媒体中心出版了一份题为 We Media（自媒体）的研究报告，谢因·波曼与克里斯·威理斯两人对自媒体进行了定义："自媒体是普通大众经由数字科技强化、与全球知识体系相连之后，一种开始理解普通大众如何提供与分享他们本身的事实、他们本身的新闻的途径。"自媒体是个人的、大众的、宽泛的、不受他人支配的传播方式，是利用先进的科学技术，通过计算机和网络传播的一种手段，是向网民传递信息的数字化媒体平台，也叫"个人媒体"或"公民媒体"。自媒体不同于传统媒体、主流媒体的传播方式，它是普通网民均可参与的信息传播活动，由以往点到面的传播转变成为点到点的平等传播，具备私密性和公开性的双重传播特点。

自媒体平台包括自媒体平台和论坛，很多自媒体平台都是搜索引擎的信息源。最具有代表性的自媒体平台有美国的Facebook和Twitter；中国的新浪微博、腾讯微博、微信朋友圈、微信公众平台、百度贴吧等社交平台，小红书、豆瓣、天涯、知乎等网络社区，今日头条的头条号、百度的百家号、腾讯的企鹅号、UC浏览器的大鱼号等依托于浏览器或新闻客户端的新媒体平台。

## 2.2 主要新媒体平台的发展历程

**1. 新浪微博**

2009年8月，新浪微博内测版问世；同年11月，新浪微博（图2-1）正式与用户见面。微博是我国领先的社交媒体平台，它基于公开平台架构，通过简单的方式使用户能够实时发表内容，进行自我表达，与他人互动并与世界相连。注册用户可以创作和发布微博，并附加图片、视频或长博文。微博上的注册用

图2-1　新浪微博

户可以关注任意其他注册用户，对任意一条微博发表评论并转发。微博具有简单、不对称和分发式的特点。用户在搜索引擎中搜索最近一段时间的流行话题和新闻大事，其中频率最高、能带来最多流量的关键词在实时更新的过程中会形成"热搜"，因此吸引了大批量的用户使用，包括大众、明星、企业家、学者等，以及各大官方媒体、企业、各省市政府机关单位、慈善组织和其他机构等。

很多企业、品牌、商家在此发现了商机，开始在微博中打造品牌影响力，吸引用户参与体验，如华为、完美日记、橘朵等。

2020年微博Q1财报显示，微博月活跃用户（MAU）5.5亿，日活跃用户（DAU）2.41亿；营收22.7亿元，运营利润5.26亿元，超过华尔街分析师预期；视频播放量与播放用户同比增长均超过30%，活跃PGC视频作者近百万，UGC视频日均播放量环比增长50%，优化播放体验的同时，提升推荐效率，增加流量倾斜，扩大消费规模；500多名视频作者收获了百万以上新增粉丝；直播开播总场次超百万，面向多个垂直行业推出直播新模式。

由此可见，新浪微博在商业化的摸索上顺应了企业客户从线下到线上的转移趋势，成为新媒体营销中至关重要的一个平台。

### 2. 腾讯微信

腾讯公司在2011年1月推出了一款可以提供即时通信服务的免费应用程序——微信（WeChat，图2-2）。微信作为一款聊天软件，支持发送语音短信、视频、图片、表情和文字等基础功能，并提供收付款、公众号、朋友圈、小程序、视频号等功能，用户可以通过"摇一摇""看一看""搜一搜""搜索号码""附近的人""扫一扫"添加好友和关注公众号，好友之间可以分享公众号中的文章，用户也可以将看到的精彩内容分享到朋友圈。

2014年3月，微信开放支付功能——微信红包和微信转账；同年8月，微信推出名为"微信智慧生活"的全行业解决方案，微信公众号结合微信支付将各行各业传统的商业模式"平移"到微信平台。微信营销涉及的服务能力有移动电商通道、识别用户、分析税局、支付结算、客户关系维护、售后服务和维权、社交推广等，这也预示着微信扩大了其商业模式，使得合作企业与用户产生联系，推动企业传统营销模式向新媒体营销模式转型。

微信不受距离限制的影响，用户注册微信后，可以与周围同样注册的"同伴"形成一种关联，查询并订阅自己所需的信息，企业通过点对点的营销模式为用户提供产品、推广品牌。微信营销主要利用移动客户端进行区域性的定位营销，企业、品牌通过微信公众平台，利用新媒体形式将用户转换为客户，利用微信平台展示企业、品牌的官网，吸纳企业或品牌会员，有针对性地推送产品信息，包括在线支付、组织线上线下活动，形成了一种主流的营销模式。微信已经成为一种全新的"智慧型"新媒体营销平台，逐渐走近大众的生活，改变了人们的消费方式。

腾讯发布的2020年Q2财报显示，腾讯微信及WeChat的月活跃账户达12.1亿，同比上涨6.5%；金融科技及企业服务业务的收入同比增长30%，达到298.62亿元；网络广告业务的收入同比增长13%，达到185.52亿元。现在，即使有了更加新颖的营销方式，企业和商家依旧会通过微信来进行营销推广，协同打造营销矩阵。微信有庞大的用户群体，企业、品牌可以获得可观的流量和收益。

微信营销就是让一个普通用户在社群、朋友圈、公众号中认识品牌价值，并购买消费的过程。如今，双微营销模式已成为企业、品牌、产品的必选方式。

### 3. 今日头条

今日头条的核心在于"信息创造价值"，在2012年8月发布了第一个版本。今日头条（图2-3）是一款基于数据挖掘的推荐引擎产品，通过对大数据的计算，围绕内容体裁和分发方式不断丰富维度、推荐信息，利用大数据定位用户所在城市，自动识别本地新闻，并根据用户的年龄、性别、职业等特征推荐其感兴趣的内容，倡导个性化阅读的理念，至今已衍生出文字、图片、视频、直播、问答、微头条、专栏等多种内容形式。2019年，头条创作者全年共发布内容4.5亿条，累计获赞90亿次。其中，有1825万人是首次在今日头条上发布内容。

图2-2　腾讯微信

图2-3　今日头条

今日头条在2013年推出"头条号",媒体、国家机构、企业以及自媒体可以利用其发布信息,帮助头条创作者在移动端获取更高的曝光和关注,做好价值导向。2016年,今日头条正式加入短视频领域。目前,今日头条的主要盈利模式有两种:开启界面和新闻内容中的广告变现;借助第三方购物平台的电商变现,如与淘宝App、京东App等的合作就需要借助淘宝、京东等平台的支持。因此,今日头条为实现更好的用户体验,一直不断地创造更有品质保证的内容。

随着我国政务新媒体建设得到空前发展,今日头条继"两微"之后又登上"一端"。

#### 4. 其他平台

近年来,除"两微一端"和各大互联网巨头推出的自媒体平台外,视频平台也成为新媒体营销的趋势。视频类平台分为直播平台、短视频平台和音频平台。网络直播平台有斗鱼、虎牙、YY、腾讯now直播、映客、花椒、一直播等。网络直播的直观性和即时互动性强,使用户具有很强的代入感。短视频平台有抖音、快手、腾讯微视、火山小视频、全民小视频等,用户可以自由选择音乐、节拍、滤镜、贴纸、特效制作视频,并将视频分享给微信好友、朋友圈、微博、QQ空间,传播度高,短视频平台自身大力扶持视频博主变现,并提供流量红利。对于目前市场渗透率极低的音频平台来说,打造知识付费、建立直播频道成为移动音频平台拉新、变现的新思路。音频平台有云听、企鹅FM、网易云、喜马拉雅FM、荔枝FM、蜻蜓FM、懒人听书等。

另外,还有小红书、简书等创作社区,用户在上面可以方便地创作自己的作品,互相交流。知乎、悟空问答等网络问答社区连接各行各业的用户,用户分享着彼此的知识、经验和见解,提供多种多样的信息。这类新媒体营销的互动性和针对性强,在帮助企业、品牌快速建立良好口碑的同时,可以引导舆论方向,改变用户对企业、品牌的看法和认知度,帮助潜在的用户解决难题,扩大用户的知识层面,并根据社群用户选择的关注点达到精准的推广效果。

从全球电子商务移动化的发展趋势来看,企业、品牌为聚合分散的用户、流量,开始着手将传统营销模式转向全面的新媒体营销模式,打造营销矩阵。

## ▶ 2.3 新媒体营销的发展趋势

与处在企业观望阶段的新媒体发展初期不同,新媒体营销对新一代用户群体的影响力不断上升。《艾媒报告|2019—2020年中国移动社交行业年度研究报告》中的数据显示,2019年上半年中国手机网民规模达8.47亿人,占网民整体规模的99.1%。同时,短视频和在线直播用户也呈现了较快的增长势头,为新媒体营销提供了较好的流量基础。

新媒体营销在经过几年的飞速发展后,简单的内容制作已经无法满足用户的需求。新媒体营销趋势会出现以下四方面的变更。

#### 1. 打造主流营销模式

新媒体相较于传统媒体而言,具有双向传播的特点,用户与企业的黏性更强,互动性更高,能够及时获得效果反馈。新媒体平台要想达到预期的营销效果,需要建立品牌与用户之间的情感联系,刺激用户的消费欲望。随着新媒体用户规模的不断扩大,消费的中坚力量以中青年群体为主。新媒体平台目前已成为最具有营销价值的阵地,各企业将继续扩大对新媒体平台的投入。

#### 2. 提高用户宽容度

随着新媒体的普及和新媒体案例的增多,用户对新媒体营销态度的接受度正在逐步提高。未来,广告内容是否具有趣味性和吸引力,将成为用户能否接收到产品有效信息并产生购买欲的主要因素。另外,在内容创作上能否保留产品的真实性和客观性,也将成为新媒体营销的另一关键点。

#### 3. 5G助力视频平台

5G时代的到来给直播平台和短视频平台带来了新的契机。在新媒体营销方面,视频具有病毒式的传播速度,难以复制的原创优势,入驻门槛低、成本低,数据效果可视化,指向明确,用户精准,即时性和交互性强的特点。这些特点与企业营销的目的吻合,因此受到企业、品牌的青睐。

#### 4. 加强净化行业环境

数据和流量是评估营销转化变现的关键。现阶段,数据造假、买粉、求赞、刷好评等方式使得衡量营销价值的结果出现偏差。大数据分析已经能成功识别部分造假数据，有关部门可制定相关条例，透明、公开的新媒体营销数据将更有利于打造良好健康的市场环境。

## 2.4　新媒体运营人才应具备的技能

新媒体的出现让不少企业看到了商机，也为传媒爱好者提供了就业机会，对于新媒体运营者来说，如果想真正做好新媒体运营，需要具备以下三方面的素质。

**1. 敏锐的信息捕捉能力**

敏锐的信息捕捉能力是新媒体运营人才必备的能力之一。新媒体运营者需要对新事物广泛关注，能够分析网络热点，把握话题的走向，了解流行趋势；熟悉海量的新媒体平台，研究目标用户的群体心理特征。杜蕾斯品牌的官方微博就是对热点话题充分利用的优质案例。在把握网络舆论的方向后，要及时做出预判，抢占先机，尝试主动引导话题，但是也不能盲目追求热点，需要具备自己的价值观。

**2. 优秀的文字功底**

新媒体运营对文案的要求较高。在传统媒体中，传媒人一般充当记者、编辑的角色；在新媒体时代，要求新媒体运行者能够下笔成文。懂得多不代表能够用文字表达清晰，每一个新媒体运营者都必须持续加强文笔功底的训练。

**3. 综合的整合能力**

作为一名新媒体工作人员，整合资料非常重要。整合能力要求从业者把一些零散的信息组合在一起，最终形成有价值的内容。网络信息非常广泛繁杂，将所需的内容搜集到创作者的写作素材库中，以备未来使用。涉及版权问题的图片、文案、视频应予以标明或购买。

## 2.5　新媒体平台与新媒体运营工具的使用与操作

使用和操作新媒体平台是新媒体运营的基础，要求从业者必须熟悉这些平台的操作和使用，如微信公众号、微博、今日头条、企鹅号、大鱼号、小红书、知乎、豆瓣、抖音、快手等新媒体平台的操作。

新媒体运营工作讲求高效，但部分新媒体平台都会有功能限制，需要其他平台进行辅助运营。因此，从业者还需要学会利用辅助软件和工具进行内容制作。例如，制作微官网需要利用 Coolsite360 模块建站工具、Adobe Muse CC 等；制作微表单需要利用问卷星、水滴、麦客等；搭建微商城需要有赞、微分销；制作 H5 或游戏需要利用易企秀、Epub360、兔展、易速推等；制作短视频需要利用剪映、蜜蜂剪辑等。现阶段辅助工具的多样化使从业者的选择变得更为丰富。

### 2.5.1　内容运营

内容运营是新媒体运营的基础能力。一般来说，新媒体运营人员需要将企业、品牌、用户本身产生的高质量内容转化成文字、图片或视频等形式，通过编辑、筛选、整合、优化等方式进行加工，在视觉和听觉上刺激用户进行参与、分享和传播。在"内容为王"的时代，做出让人有印象的"爆款"，通过内容提升 KPI，已经成为考核新媒体运营人员的重要指标。

**1. 文案设计**

一个新媒体运营者一定是合格的文案工作者，其主要工作就是通过文字传递信息，不要求文采卓越，但也需要具备一定的文字功底和写作能力。相较于文案写作，新媒体运营人员首先要了解企业、品牌、产品等信息，能够抓住特点、卖点，确定产品的使用环境等。其次要分析并确定目标用户，针对目标用户群体的需求制作个性化文案，通过高质量的内容刺激用户消费。最后要站在用户的角度输出内容，注意创新，提高用户的关注度，引发用户的趣味性，提升用户的认同感，从而实现用户转化和变现。

### 2. 视觉设计

新媒体运营者需要精通美图秀秀、Magic Mockups、Photoshop、CDR、GIF制作工具等图片制作工具，要具有一定的设计审美能力，进行图文排版、封面配图等工作。

### 3. 影音制作

现阶段，随着视频平台的兴起，视频内容已经成为很多新媒体人创作内容的重要组成部分。新媒体运营工作对新媒体人提出了更高的要求，"全能型"新媒体运营人员成为传媒公司竞相追逐的选择。新媒体运营人员必须熟练掌握视频合成制作软件、剪辑软件、后期软件，如剪映、爱剪辑、会声会影、Adobe Premiere、Adobe After Effect 等，熟悉视频制作流程、视频编辑和格式转换，并能够独立完成视频的后期制作。这些都会成为从业者应聘新媒体工作的加分项。

## 2.5.2 用户运营

用户运营是指通过运营手段提升用户的贡献量、活跃度和忠诚度，只有让用户消费，内容才存在价值。用户运营主要有以下四方面。

### 1. 拉新

为新媒体平台引入新用户，进行平台推广、品牌曝光，提高新媒体平台的下载量和注册量，这种行为称为拉新。根据自身的特点、商品特性的目标群体有针对性地确定用户的推广渠道、喜欢的传播方式，利用多手段招募，如使用 Push（推送）、弹窗推广、活动触发、活动推送、焦点图推广、应用内推荐等推广方法获取新用户。

### 2. 留存

用户留存率是新媒体运营检验的重要指标，一般会考查新媒体平台的日留存、周留存、月留存甚至半年留存、年留存的数据。第一，做好新用户的引导，好的用户引导能吸引用户留下来继续体验产品。第二，打造平台主流功能，要把应用做得简单，使用户能够快速上手。第三，关注用户反馈，采集用户信息，获取用户需求，"点对点"地解决用户遇到的问题，提高用户的参与感，让用户有受到关注的感觉。第四，运营需要精细化，针对不同用户的兴趣爱好进行产品推荐。第五，使用多种运营手段唤醒沉睡的用户，新用户的流失量较高，但流失不代表要抛弃对于他们的运营，可以通过短信、E-mail 营销、Push、公众号等渠道，用有吸引力的活动、比较符合用户兴趣爱好的内容唤醒这些沉睡的用户。

### 3. 促活

当用户下载或关注一些平台后，新媒体运营人员需要维持用户活跃度，可以根据重要节假日、热点策划线上或线下活动，也可以通过签到、登录后获取积分、领取优惠券等日常活动增加用户活跃度，还可以从物质鼓励、精神鼓励、功能鼓励三方面制定激发用户活跃度的体制。

### 4. 转化

新媒体运营的最终目的是帮助企业对用户进行转化并实现营收，完成 KPI，也就是完成销售额。实现用户转化和变现的方法有很多，常见的有对各种运营位进行广告收费；提供会员制等增值功能服务；建立积分商城；关注用户行为，及时调整策略。例如，用户将某商品放入购物车但始终没有付费，可以通过发放优惠券、减免等促销活动引导用户付费。

## 2.5.3 活动运营

活动运营是指新媒体运营人员围绕活动的目的、活动节点、活动预热、渠道推广等一系列要素推进活动项目，对现场进行管理,并将活动最终落地,完成活动效果。提升运营指标是活动在短期内能够达到运营目的的重要方法。例如，新媒体运营人员想完成拉新的指标任务，就可以实行新用户注册专享奖励机制，为用户提供专享价格的商品、专享的优惠券以及一些专享的权利体验、抽奖福利等；如果想要完成销售任务的 KPI，就可以策划并执行一场优惠活动。

（1）协调活动需求。了解用户意愿、需求、企业背景、产品资料、时间等信息；沟通协调，统一目的。

（2）评估活动预算。预算费用、资源量级，预测 KPI 指标、GMV、转化率、渗透率等，评估整场活动 ROI 合理性。

（3）策划活动方案。撰写方案初稿，明确活动形式、活动主题、内容、产品、促销、优惠等信息。通过 2~3 轮的沟通协调向领导审批报备，整合优化后形成方案终稿。

（4）执行活动现场。执行核心在于能否完全还原方案内容，并推动到线上或线下的应用场景中。

（5）优化调整细节。新媒体运营活动最重要的特性就是即时性和互动性，要在活动时间内不断查看分析数据，不断调整和优化细节，实现资源最大化。

（6）活动复盘。正常活动结束后，需要进行目标复盘、ROI 复盘、过程指标复盘；沉淀活动经验，挖掘失误点和机会点，总结并应用到下一次活动中。

### 2.5.4 数据分析

数据的价值在于通过数据分析可以有效地指导新媒体运营行为。分析新媒体数据可以更好地了解运营的质量、预测运营的方向、控制运营的成本以及评估营销方案。数据分析不仅对运营战略有指引作用，还对认识用户需求有极大的帮助。例如，内容的点击量，用户的阅读人数、时间、进度、速度，内容的评论量，在线观看人数，收藏数量，点赞人数等，从业者可以利用这些数据推送用户偏好的文章、视频、广告等内容。

数据分析包含四步：第一，收集流量运营的数据、用户运营的数据、活动运营的数据、内容运营的数据等；第二，分析数据，归纳总结数据并预测运营方向；第三，通过结论调整运营手段，控制运营成本；第四，对调整后的营销方案进行评估，常用的参考数据有目标达成率、最终销售额、过程异常数据以及失误率。

当然，新媒体数据分析靠的并不是对数据的单一整理和分析，还要求新媒体运营者对数据进行精心的提炼和总结，通过提出问题、分析问题、解决问题的方式判断用户的行为和需求。

## ▶ 2.6 新媒体运营的注意事项

新媒体运营过程中，运营人员会将心血全部注入创建的账号中，包括思维方式、理念等，因此，一个优秀的账号在内容建设、用户维护和传播方式上是可以展现出风格的。辛苦付出希望得到收获，但无论是新媒体工作者还是公司的管理者，都应严把内容质量关，避免封号带来的惨重损失。因此，从业者需要熟知新媒体运营的注意事项。

### 2.6.1 相关法律法规解说

2017 年 5 月 2 日，国家互联网信息办公室发布《互联网新闻信息服务管理规定》（下文简称《规定》）；同年 5 月 22 日，国家互联网信息办公室公布《互联网新闻信息服务许可管理实施细则》（下文简称《细则》），并于同年 6 月 1 日同步开始施行；同年 6 月 7 日，北京信访办依法约谈微博、腾讯、今日头条、百度、优酷、网易等网站，要求依照新条例关闭违反管理规定的网页和部分违规账号。随后，各大平台依法关停了大批违反法律法规规定的账号。

在《规定》与《细则》中，有些条例需要新媒体运营工作者特别注意，如图 2-4 至 2-6 所示。

| 1.《规定》第一章（总则）第二条 | "在中华人民共和国境内提供互联网新闻信息服务，适用本规定。本规定所称新闻信息，包括有关政治、经济、军事、外交等社会公共事务的报道、评论，以及有关社会突发事件的报道、评论。" |

图 2-4 《规定》第一章（总则）第二条

解析：互联网新闻信息服务的快速发展丰富了人民群众的业余生活，但非法网络公关、虚假新闻等行为的出现严重侵害了用户的合法权益，这条规定可以理解为在没有相关资质的情况下不要涉及"新闻信息"，新媒体运营工作人员须谨慎发布政治、经济、军事、外交等社会公共事务的报道、评论。

2.《规定》第二章（许可）第五条

通过互联网站、应用程序、论坛、博客、微博客、公众账号、即时通信工具、网络直播等形式向社会公众提供互联网新闻信息服务，应当取得互联网新闻信息服务许可，禁止未经许可或超越许可范围开展互联网新闻信息服务活动。
前款所称互联网新闻信息服务，包括互联网新闻信息采编发布服务、转载服务、传播平台服务。

图 2-5 《规定》第二章（许可）第五条

解析：明确了新媒体运营人员应在"国家规定范围内的单位发布信息"以及"不得歪曲、篡改标题原意和新闻信息内容"。按照规定，也不能转载和传播"有关政治、经济、军事、外交等社会公共事务的报道、评论，以及有关社会突发事件的报道、评论。"这无疑对新闻信息不当导向亮明了法规红线。

3.《规定》第三章（运行）第十六条

互联网新闻信息服务提供者和用户不得制作、复制、发布、传播法律、行政法规禁止的信息内容。
互联网新闻信息服务提供者提供服务过程中发现含有违反本规定第三条或前款规定内容的，应当依法立即停止传输该信息、采取消除等处置措施，保存有关记录，并向有关主管部门报告。

图 2-6 《规定》第三章（运行）第十六条

解析：新媒体运营人员应在转载或传播内容时核对信息的真实性和合法性，即使并非内容原作者，在转载或传播的信息内容触及法律法规的规定时，传播者也需要一同承担法律责任。

### 2.6.2 《广告法》解读

2015 年 4 月 24 日，第十二届全国人民代表大会常务委员会第十四次会议修订《中华人民共和国广告法》（以下简称《广告法》），自 2015 年 9 月 1 日起施行，2018 年 10 月 26 日进行修正。

在《广告法》中，需要注意的法规如图 2-7 和图 2-8 所示。

解析：在宣传介绍企业、品牌、产品之前，需要了解是否违反了《广告法》的相关条例，尤其是广告文案、产品软文、电商网站文案等。各大平台积极落实新《广告法》的有关规定，以保障国内移动互联网行业的公平竞争环境。

2018 年，《广告法》进行了修正，新法与旧法相比修改幅度较大、涉及面广，结合法律法规、政府官网及互联网相关知识进行整合，对比起来主要有以下七方面重要变化。

第一，广告主体变化。新法规定，广告代言人在广告中对商品、服务做推荐、证明，应当依据事实，符合本法和有关法律、行政法规规定，并不得为其未使用过的商品或者未接受过的服务做推荐、证明。

第二，代言行业变化。新法规定，以下行业不得代言：医药、药品、医疗器械、保健食品、农药、兽药、饲料和饲料添加剂、教育和培训、招商、农作物种子、林木种子、草种子、种畜禽、水产苗种和种植养殖等。

第三，不得利用未满十周岁的未成年人做代言人。

| 《广告法》第一章（总则）第二条 | |
|---|---|
| | 在中华人民共和国境内，商品经营者或者服务提供者通过一定媒介和形式直接或者间接地介绍自己所推销的商品或者服务的商业广告活动，适用本法。 |
| | 本法所称广告主，是指为推销商品或者服务，自行或者委托他人设计、制作、发布广告的自然人、法人或者其他组织。 |
| | 本法所称广告经营者，是指接受委托提供广告设计、制作、代理服务的自然人、法人或者其他组织。 |
| | 本法所称广告发布者，是指为广告主或者广告主委托的广告经营者发布广告的自然人、法人或者其他组织。 |
| | 本法所称广告代言人，是指广告主以外的，在广告中以自己的名义或者形象对商品、服务作推荐、证明的自然人、法人或者其他组织。 |

图2-7 《广告法》第一章（总则）第二条

**《广告法》第二章（广告内容准则）第九条**

广告不得有下列情形：
（一）使用或者变相使用中华人民共和国的国旗、国歌、国徽、军旗、军歌、军徽；
（二）使用或者变相使用国家机关、国家机关工作人员的名义或者形象；
（三）使用"国家级""最高级""最佳"等用语；
（四）损害国家的尊严或者利益，泄露国家秘密；
（五）妨碍社会安定，损害社会公共利益；
（六）危害人身、财产安全，泄露个人隐私；
（七）妨碍社会公共秩序或者违背社会良好风尚；
（八）含有淫秽、色情、赌博、迷信、恐怖、暴力的内容；
（九）含有民族、种族、宗教、性别歧视的内容；
（十）妨碍环境、自然资源或者文化遗产保护；
（十一）法律、行政法规规定禁止的其他情形。

图2-8 《广告法》第二章（广告内容准则）第九条

第四,惩罚力度变化。新法规定,代言人将承担相应的连带责任。情节较轻的没收广告费,并处广告费 3~5 倍罚款,无法计算金额或金额明显偏低的处 20 万~100 万元罚款。情节严重的没收广告费,并处广告费 5~10 倍罚款,无法计算金额或金额明显偏低的处 100 万~200 万元罚款,暂停广告发布业务、吊销营业执照、吊销广告发布登记证。广告主、广告经营者、广告发布者明知或应知广告虚假仍设计、制作、代理、发布的,构成犯罪的,依法追究刑事责任。

第五,工商行政部门负责人职责变化。新法规定,工商行政管理部门对在履行广告监测职责中发现的违法广告行为或者对经投诉、举报的违法广告行为,不依法予以查处的,对有责任的主管人员和直接责任人员依法给予处分。

第六,极限用语变化。极限用语的处罚从原来的退一赔三变更为罚款 20 万元起。以下这些词语均属于极限用语,不可再出现在营销文案中,包括国家级、世界级、最高级、最佳、最大、第一、唯一、首个、最好、精确、顶级、最高、最低、最具、最新技术、最先进科学、国家级产品、最便宜、最新、最先进、最大程度、填补国内空白、绝对、独家、首家、第一品牌、金牌、优秀、最先、顶级、独家、全网销量第一、全球首发、全国首发、世界领先、顶级工艺、最新科学、最先进加工工艺、最时尚、极品、终极、顶尖、最受欢迎、王牌、冠军、第一(NO.1\Top1)、极致、永久、王牌、掌门人、领袖品牌、独一无二、绝无仅有、前无古人、史无前例、万能等。

第七,13 条禁止性规定。

(1)广告中禁止含有使用军旗、军歌、军徽,危害人身、财产安全,泄露个人隐私,色情、赌博等内容。

(2)禁止在大众传播媒介发布母乳代用品广告。

(3)禁止在大众传播媒介或者公共场所、公共交通工具、户外发布烟草广告。

(4)禁止利用不满十周岁的未成年人作为广告代言人。

(5)禁止在中小学校、幼儿园内开展广告活动,禁止在中小学生和幼儿的教材、教辅材料、练习册、文具、教具、校服、校车等发布或者变相发布广告,公益广告除外。

(6)任何单位或者个人未经当事人同意或者请求,禁止向其住宅、交通工具等发送广告,禁止以电子信息的方式向其发送广告。

(7)禁止医疗、药品、医疗器械、保健食品广告利用广告代言人做推荐、证明。

(8)除医疗、药品、医疗器械广告外,禁止其他任何广告涉及疾病治疗功能,并不得使用医疗用语或者易使推销的商品与药品、医疗器械相混淆的用语。

(9)禁止教育、培训广告对升学、通过考试等做出明示或者暗示的保证性承诺,禁止明示或者暗示有相关考试机构或者其工作人员、考试命题人员参与教育、培训,利用科研单位、学术机构、教育机构、行业协会、专业人士、受益者的名义或者形象做推荐、证明。

(10)禁止招商等有投资回报预期的商品或者服务广告含有对未来效果、收益或者与其相关的情况做出保证性承诺,禁止明示或者暗示保本、无风险或者保收益等。

(11)禁止在针对未成年人的大众传播媒介上发布医疗、药品、保健食品、医疗器械、化妆品、酒类、美容广告,以及不利于未成年人身心健康的网络游戏广告。

(12)在针对不满十四周岁的未成年人的商品或者服务的广告中,禁止含有劝诱其要求家长购买广告商品或者服务,或可能引发其模仿不安全行为的内容。

(13)公共场所的管理者或者电信业务的经营者、互联网信息服务的提供者对其明知或者应知的利用其场所或者信息传输、发布平台发送、发布违法广告的,应当予以制止。

# 第 3 章
## 新媒体活动运营实操攻略

**知识导读**

新媒体活动运营是指针对不同内容、不同性质的新媒体活动进行运营，包括新媒体活动策划、新媒体活动执行以及相关平台的打造。一个新媒体活动运营团队除了需要提前做目标规划，还需要按质按量完成每一次活动，同时具备沟通能力和合作能力，从而提升用户参与度及品牌宣传的活动效果。

**学习目标**

- 了解新媒体活动运营的策划流程
- 熟识新媒体活动运营的实战技巧

## 3.1 新媒体活动运营的策划流程

新媒体活动运营贯穿了整个新媒体运营过程，一场成功的新媒体运营活动可以帮助品牌吸引新客户、留住老客户、塑造良好的品牌形象，一般分为准备、策划、执行以及总结四个阶段。

### 3.1.1 活动前期：做好准备工作

把新媒体活动策划做好，不仅需要从业者动用大量的人力、物力，同时需要做好活动前期的准备工作。妥善安排统筹计划、活动节奏和流程才能保证一场新媒体运营活动顺利举行和开展。新媒体运营活动策划前期需要做好以下准备工作。

#### 1. 活动主题

在策划活动时，首先要根据品牌、产品或平台本身的实际情况（包括活动的时间、预期投入的费用等）和市场分析的情况（包括竞争对手当前的活动行为分析、目标用户群体分析、网络热点分析、网民心理分析、产品特点分析等）做出准确的判断分析，扬长避短地提取当前最重要、最有意义的主题，即当前最值得推广的主题。决定活动主题的四个维度：人群/行业、服务/卖点、热点/名人、痛点/共鸣。其中，人群/行业指的是品牌、产品或平台的目标受众（老人、小孩、女士、男士、学生等）和所属行业（教育、医疗、娱乐、健身运动等）。服务/卖点指的是受众所需，从业者能够为用户提供何种服务，内容最大的特色亮点有哪些。热点/名人指的是引入网络热点或名人话题、与竞品爆款做比较。痛点/共鸣指的是洞察受众的痛点、解决受众的问题。以上四个维度都可以作为活动策划的选题方向。

#### 2. 目标人群

选定主题之后，从业者应瞄准目标受众，无论是怎样受欢迎的活动，都无法得到所有受众的认可和喜爱。正所谓"青年人的抖音，中年人的快手"。抖音比较文艺，目标受众是青年人。比起抖音上的俊男、美女、彩妆、奢侈品，快手相对更受中年人群的喜爱，里面有教学类、销售类、秀技类、教育类等。大部分抖音平台的线上活动的目标群体偏向于年轻群体，而快手则偏向于中年群体。因此，运营活动应瞄准特定的客户群体，然后选定合适的运营策略。

#### 3. 活动目的

在新媒体活动策划的前期准备中，一定要制定具体、完整的活动目的，方便在活动结束之后评估此次活动是否达到预期效果。一般情况下，一场新媒体活动最好只有一个活动目的，增加用户参与度、增强活动知名度、提升品牌影响力等是一场活动的主要目的。

### 3.1.2 策划阶段：注重运营细节

#### 1. 策划内容及创意点

优秀的活动创意策划是评定一场新媒体活动运营成败的关键，在活动策划过程中，应从以下几点开展内容和创意点的策划。

（1）策划以活动目的为出发点。例如，某平台想通过举办一场网络活动调查用户对该平台的体验度、建议和意见，为未来吸引更多的用户进行讨论和投票，组织线上抽奖活动，虽然用户参与度高，但很多参与者只为领取活动奖品，未能与该平台积极互动、提出意见和建议，最后的结果是该活动未能达到预期的活动目标。

（2）抓住网络热点话题。实时关注各类新媒体平台的热点话题，结合活动进行策划。但是，鉴于热点话题更新速度快，因此常常需要加快活动进程。

（3）增加活动的趣味性。增加活动的趣味性才能有效地吸引用户参与其中，奖品的设置和活动的趣味性是吸引用户参与活动的关键。

（4）引发参与者的情感共鸣。人与人之间重要的纽带就是"情"，包括爱情、亲情、友情、师生情等。所以，活动一定要以情感出发感染参与者。例如，某月饼运营商在七夕节推出"晒自己与爱人的合照"的活动，以"但愿人长久,千里共婵娟"为主题,用户参与规模较往年活动提升了 10 倍,提前预热中秋节月饼销量市场。该活动以情感染消费者,从而达到提升产品知名度及销量的目的。

#### 2. 推广渠道及宣传方式

新媒体活动推广渠道主要分为自媒体平台、社交平台和短视频平台三大类。其中,自媒体成为新媒体的主力军,目前主流的自媒体平台有今日头条、企鹅号、一点资讯、百家号等。社交平台主要有微信平台、微博平台及知乎、百度、360 等问答平台。短视频平台以抖音、快手、美拍、秒拍为主。在策划阶段,可以根据各个平台的优势和活动目的进行宣传推广,从而最大化宣传效果。

#### 3. 运营周期及宣传节点

活动一般分为年度活动、每月活动和热点活动三种。

年度活动主题必须与企业全年的新媒体活动主线与整体调性一致。这些新媒体活动看起来是由一个个零散的活动组成的,但好的新媒体活动一定是围绕活动主线展开的。特别是细节执行中的海报、文案、视频等,其风格需要围绕整体调性进行设计。设计企业年度活动主题需要了解企业的整体目标,包括产品目标、品牌目标、销售目标等。

每月活动即某月在线上发布新品、进行降价促销、推出会员月等。运营者需要参考新媒体运营规划,设计每个月的活动主题、活动形式、活动玩法。

热点活动即围绕热点撰写的文章或策划的活动,其曝光效果很可能达到日常效果的数倍甚至数百倍。因此,运营者必须准确把握互联网热点。对于互联网热点,新媒体运营者需要先预测、后评估。互联网热点主要分为突发热点和常规热点两类。突发热点一般没有征兆,运营者只能随机应变,如明星事件、社会事件等。而常规热点具有周期性,运营者可以提前预测,如平台自造节日(天猫"双 11"、京东"6.18")、传统节日(春节、元宵节、中秋节)、西方节日(万圣节、圣诞节)等。全年的热点五花八门,而未必所有的热点都适合某一企业。因此,运营者需要评估热点与企业的相关性,选择最贴切的热点策划相关活动。

通常情况下,电商类产品的活动周期为 10~15 天,类似"双 11"这类活动会到 30 天,在这个时间段里,每天都会上线 1~2 个新的活动页面,最终做到某一天线上同时存在 7~8 个活动页面,针对性地提升不同的数据指标。用于提升产品留存率的活动可能会一个季度长期挂在产品页面里。社区类产品活动的周期,如果只是话题,应该就是 1~3 天;如果是内容整合传播的活动,会在 15 天左右,每天推送不同的内容专题。对于长时间的活动,建议每 3 天换一个推广资源位上的图片,用不同的活动卖点吸引不同需求的群体。

### 3.1.3 执行阶段:确保活动实施

在活动执行阶段,运营者应维持活动的正常进行,准备好活动物料及人员分配和管理,实时监督活动的舆论导向,挖掘活动的热点话题,达到活动的预期效果。

#### 1. 预估活动效果

策划目的是预估活动效果,活动的最基本目的是拉新促活,推动付费转化率的增长。一般包括以下几点(具体视不同运营活动而定)。

(1)预估活动能够带来多少流量,包括推广指标、人员指标和服务指标三种。

- 推广指标:用户增长数、粉丝关注度、各入口点击、各页面停留时长等。
- 人员指标:活动参与人数、社群新增用户数、KOL 新增人数等。
- 服务指标:即时服务评价、本次活动评价、App 评分等。

(2)预估活动流量的转化率。商城页面浏览量、商品新增成交量、站内虚拟服务新增成交量等。建议:①不能只是预估,要有数据分析,用数据支撑策划者的设想,纸上谈兵只会让运营者的信服力降低;②预估不能过高或者过低,过低没有说服力,过高完成困难。

#### 2. 监管活动流程

在活动开展过程中,一定要将网友的言论约束在法律允许的范围内,要及时监管整个活动的流程,对活动中的违法行为或不当言论及时进行制止。一些有争议的话题本身未超过法律许可范围,同时受到用户的积极讨论,运营者可以对其进行适度加工和传播,从而吸引用户的参与,增强活动宣传力度。

#### 3. 挖掘热点数据

针对活动中的热点进行深入挖掘和发酵，将热点同产品、品牌相结合，起到提升品牌知名度、促进销售等目的。在运营活动过程中，创作者需要实时跟踪并衡量数据的表现情况，根据数据调整内容以及创意。如果活动中有符合当下热点的话题，运营者应采取有效的措施提高该热点内容的曝光度和热度。活动结束后，数据分析是必不可少的一个步骤，通过数据可以衡量整个活动有没有取得目标成果，过程中有哪些需要改进和提升的部分及活动成功的因素和操作，这些都有利于营销活动经验的总结，为接下来的营销活动提供借鉴。

#### 4. 执行活动颁奖

活动颁奖一定要符合活动规则，坚持公平公正原则，需要充分利用获奖者的领奖过程和获奖宣言提升此次活动的影响力。活动奖品可以在活动的进程中分阶段派发，奖品大小可以层层递进，由小到大，在活动结尾揭幕最终大奖，增加参与者的积极性。

### 3.1.4 活动结束：总结实践经验

每一次活动都是宝贵的经验，都应该记录留存，为下一次活动进行改错和创新。从业者需要不断分析和积累，不让每一场活动都从头开始。活动结束后，及时总结该活动是否达成预期效果，是否有不足可改进，在活动中是否遇见新的问题。通过这些总结思考避免重复失误，有利于为下次活动提供宝贵的经验。可以通过以下方面进行活动总结。

#### 1. 目标达成情况

预计活动目标是否达成，是否得到管理者的认可，活动效果是否达到预期要求，这些都需要组织者通过活动中的相关数据分析得到。通过数据分析活动效果，如目标是否传播，传播量是多少，品牌曝光是否成功，微指数上升程度，百度指数上升程度等。如果目标是带动 App 下载，就要看活动带来的有效下载量。

#### 2. 不足及优点

分析活动细节优劣、环节是否有不足、活动成功的原因、活动失败的原因。通过对这些问题的分析和总结，找到本次活动的优缺点是活动总结的重要环节。

## 3.2 新媒体活动运营实战技巧

### 3.2.1 活动运营背景撰写技巧

活动的背景就是告诉受众"为什么要做活动"，这是活动策划最底层的决策出发点，是对市场观察和预判做出的结论，也是对产品数据和目标人群喜好的趋势利用，字数限制在 100~200 字即可。优秀的策划者通常喜欢在开头写上这样一句话作为活动背景介绍，如图 3-1 所示。

> 今年 5 月 31 日和 6 月 1 日，恰逢世界无烟日以及北京最严控烟令的实施。在此前后，有关控烟、戒烟的相关话题必将引起社会、舆论的广泛关注。为了更好地推广和传播贴吧品牌主张"上贴吧找组织"的理念，我们计划借势将贴吧内戒烟群体的组织"戒烟吧"传播出去，让更多人知晓、了解戒烟吧，让更多目标受众进入戒烟吧，同时通过公益互助类型贴吧的包装提升贴吧的整体品牌形象。

图 3-1 活动背景介绍

这样的开头可能会显得过于官方和套路，但是一份完整的策划书就是为了对该活动做更详细的策划，从而更有力地说服领导和甲方。除此之外，策划书的背景描述是关键，总体来说，活动策划人员可以从以下五个角度找到"为什么要做活动"的原因。

### 1. 产品数据

通过产品撰写活动背景比较常见，是获得利润的主要来源，一场成功的新媒体运营活动能够有效推动产品的销售额。活动可以影响的产品数据有很多，包括下载量、日活、月活、留存率；如果运营的是电商类产品，还包括销售额、订单量、转化率、客单价、复购率；如果运营的是社区类产品，则包括发帖量、互动量、点赞量、转发量。当发现以上产品数据出现明显下降或者想重点提升产品的某个数据指标时，通常会考虑新媒体策划活动（活动的背景就来源于此）。

需要注意的是，产品各项数据之间环环相扣，在确定活动策划中提升的重点数据的同时，也需要思考如何通过活动优化与之相关的数据，如交易额数据的提升离不开流量、客单价、复购率、转化率数据的提升，如图3-2所示。

> 从5月以来，产品的新用户留存率下降了近5%，运营部门希望采用活动策略给新用户、低频用户搭建一个高效了解、探索产品的场景，提高新用户的留存率及低频用户的活跃度。

图 3-2　产品数据

### 2. 行业热点

新媒体运营需要掌握的另一个技能就是从热点中借势开展活动，通过热点话题引入能够吸引大量客户和流量，从而提升活动的影响力。如果运营一个抖音号，平时的评论点赞量不到100，但如果带上热点关键词，正常情况下的评论点赞量可以翻倍，并且不包括再次转发和传播的评论点赞，这就是借势热点话题运营抖音号的价值所在。同样，借势热点做活动策划有非常显著的数据提升效果，如图3-3所示。

> "送你20元优惠券"
> "情人节想给ta买礼物，送你20元优惠券"

图 3-3　行业热点

同样是送优惠券，后者的领券率会更高，原因在于热点能够拉近活动与用户的距离，让用户感知这件事与自身相关。

另外，热点可以分成可预测和不可预测两大类。可预测热点如元旦、春节、情人节、七夕、"双11"、圣诞节，不可预测热点如电影《哪吒》火爆影院。前者可以提前做好相关的策划案，后者需要运营者对热点进行快速有效的反应。

### 3. 竞品动态

竞品指产品在同领域的竞争对手。通常来说，两者之间是相爱相杀的关系，QQ音乐和网易云音乐就是竞品，高德地图和百度地图也是竞品。对竞品进行分析，运营者不仅可以了解竞争对手的产品和市场动态，挖掘数据渠道，还可以根据相关数据信息判断对方的战略意图和最新的调整方向、市场用户细分群体的需求满足和空缺市场。最后制定对产品有效的活动形式。"每个人都想做第一个吃螃蟹的人，但并不是谁都有勇气去做第一。"根据竞品分析做活动决策，比较适合市场跟踪型策略的公司，这符合绝大部分领导的决策习惯——市场上是否有类似的成功案例。例如，百度地图的运营工作人员在策划年终活动时，撰写的活动背景，如图3-4所示。

具体活动环节需要构思清晰，竞品的活动是否适合本公司或企业的产品，如何结合自身产品和竞品的活动打造一场不一样的活动，都是需要运营者好好思考的问题。

> 每当新年临近，友商总是习惯对过去一年进行各种盘点，年终奖、点赞数、账单等晒满朋友圈。作为坐拥亿级用户量的地图类产品，面对一波又一波的盘点热潮，我们希望做一份不一样的年终盘点。结合百度地图精准的路程测试，邀请网友对过去一年的上班路程进行测试，晒一晒自己的"辛苦指数"，加强用户与产品之间的情感连接。
> （做到有热点也有竞品研究。）

图 3-4　竞品动态

#### 4. 目标群体

确定目标群体是新媒体营销活动的重要因素。做营销活动的第一步就是要确定目标群体，如果目标群体没有明确，那么对整个营销策划活动造成的打击将是毁灭性的。目标人群在新媒体文案撰写中占有重要地位。例如，在校大学生每年在百度百科上的词条贡献量是百万级，那么作为百度百科的活动策划，就可以专门为这类人群做一个回馈活动。

#### 5. 领导想法

把领导的观点写在活动背景的依据中是不错的选择，这样策划者的活动策划案被通过的可能性就会提高，因为领导的观点是趋势的预判以及资源投入的重点方向。

### 3.2.2　活动运营细则的五个要素

对于很多新媒体运营人员来说，创意是正常活动的关键和核心。运营人员在写活动方案时可能会更加注意活动的创意点，以为有了好的创意就不用担心执行了，但事实并非如此。没有详细的活动运营细则，就很难协调活动工作人员的分工和参与者的管理，所以活动运营细则要明确活动的完整信息、详细规则、风险提示、活动流程、活动未尽事宜仍受约束等，从而保证活动的顺利开展。

#### 1. 完整信息

活动细则一般是活动专题页面的补充，优秀的活动专题页面为了提升表现力与设计感，承载的文字内容往往是有限的。所以，活动细则首先需要对活动的基本信息、活动时间、目标对象、活动内容、参与条件等进行一次完整的复述。

#### 2. 详细规则

一场活动的规则必须清晰明了、没有漏洞，规则对于一场活动而言是根本，包括活动发放福利的规则、抢红包的规则、参与的规则等。在一场专门为会员策划的线上活动中，运营者应该清楚地告诉参与者要如何注册会员、参与活动。如果规则不详细，可能将影响活动的正常进行。

#### 3. 风险提示

活动风险是在一场活动中可能出现的意料之外的情况，做出限定是为了解决纠纷，尽量保证活动细节的完整。活动风险一般是策划运营人不希望出现的情况，但一旦出现，活动策划人员需要通过细则告知用户活动方的决定，从而实现有效风控。活动风险通常包括活动平台被黑客攻击，或者有用户进行系统刷单等；服务器、设备、网络及其他系统故障等；其他不可抗力。一般风险控制最好包括对内和对外两个版本，对内是指出现各种风险时的解决方案，包括对外口径；对外则是指出现风险时的责任划分与用户须知。

#### 4. 流程和节奏

活动流程用来引导用户如何参与本次活动，要简洁、图文结合，让用户能够快速知道怎样参与此次活动。例如，在 H5 活动和微信公众号活动中，从进入 App（公众号）开始到下一步的跳转（弹窗），以及 App 内登录时的状态，未登录/已登录状态，未付费/已付费用户如何呈现等每个路径和流程都需要考虑仔细，让每个参与活动的粉丝都明白活动的下一步去向。

除此之外，还有一个重要点是做线上活动运营必须注意的，那就是节奏感。有节奏感的活动一般都具有周期性，如活动讲求的是预热+上线，假如以一个月时间为活动基准，第一周为预热阶段，第二周为上线+预告下周活动，第三周继续预热，第四周上线。通过这样的活动周期，才能慢慢营造活动的氛围和节奏，使用户知晓该活动的时间节点，如每周三下午四点有抢券活动，这就需要固定时间，日日不变更，以此培养用户的使用习惯和对活动的感知。总体来说，节奏感包括两方面，一是横向的节奏感，指的是活动在时间轴上的间隔；二是垂直的节奏感，指的是活动的丰富性。

**5. 活动未尽事宜仍受约束**

一场活动还有很多需要完善的地方，毕竟一场活动有很多细节无法关注到，在实施中，可能会遇到事前未能预测到的情况，因此在活动细则的结尾应该进行标注：活动未尽事宜仍受约束，保留在法律允许范围内的活动最终解释权。最终解释权条款明文规定不得作为霸王条款，侵害消费者的合法权益，在侵害消费者合法权益时，该条款属于无效条款。对于本身表述可能存在理解歧义的条款，商家必须拥有解释权，故建议活动细则内保留。

### 3.2.3　运营人员的七项技能修炼

**1. 用户思维**

作为新媒体活动运营人员，其职责是帮助客户更好地传播每一场活动，为品牌带来更多的用户与品牌美誉度。而这一切都离不开一个前提——深刻理解用户思维，包括甲方和活动目标用户。运营者要热爱品牌的产品与服务，认同品牌的价值观，对品牌的价值了如指掌，主要有三种途径：①多与业务部门、一线销售人员交流，了解品牌的市场地位、用户反馈等；②多与用户交流，可以通过品牌新媒体和用户进行实时交流，观察用户对于品牌的产品与服务的评价；③成为品牌的用户，一个不可回避的现实是优秀的产品并不多，导致多数从业者并不热爱自身公司的产品与服务，这是很现实的问题，但必须想办法找到一些兴奋点，只有这样才能认同自身的工作价值，感同身受地了解用户对该品牌的期待。

**2. 文字撰写**

在新媒体迅速发展的今天，网络上媒体充斥着大量的信息，如果活动推广信息不能直接吸引观众或戳中用户的痛点，那么策划的活动即使再有创意、有内容，也很难引导用户参与到活动中来。文案撰写能力是新媒体人的核心技能，新媒体文案与普通文案有所不同，新媒体文案具有明确的目的性，不需要太多华丽的辞藻。例如，运营者要写一篇活动文案，只需要了解这个活动的目的、目标人群是什么、如何帮助用户解决问题，只要将这些内容表达清楚，就是一篇合格的新媒体文案。

**3. 数据分析**

不会做数据分析的运营人不是合格的新媒体人。数据分析是一种思维方式，可以通过对设定好的目标进行合理的拆解，最终一步步完成目标。数据分析的本质是获得更直观的具体数据，帮助运营者更好地量化工作、提高效率。活动正式开展后，运营人员需要对效果进行实时数据统计，包括基础数据（阅读量、点赞数、打开率、留言率、分享率）、用户数据（用户属性、用户画像、用户习惯、用户标签、用户需求）、业务数据（分析转化率、文章阅读转化率、购买转化率、业务流程）等，根据统计数据结果对活动做出相应的调整。可以使用今日头条、微信、微博等新媒体平台提供的专业营销分析工具掌握活动的效果。

**4. 交流沟通**

运营是一个筐，单一掌握一方面的技能是远远不够的，新媒体运营人员需要对接各式各样的人群，包括领导、客户、活动工作人员等，并与他们进行活动进展的沟通。让大众认可的活动创意和想法需要运营人员了解各种推广渠道，积累大量的人脉是新媒体运营人员必备的技能。

**5. 成本预估**

活动成本不仅包括整个活动的人力、物力、时间和渠道的成本，还包括吸引指标用户参与的成本。成本高了，运营的压力就会很大，会给品牌带来资金压力；成本低了，用户不愿意参与，丧失活动的吸引力，活动设计得再漂亮也没有意义。所以，运营人员要预估活动成本和活动效果，把二者控制在可控的范围内。

#### 6. 规则制定

凡是活动，都需要活动规则。例如，发奖的方式是让用户直接领取，还是通过短信推送给用户，还是通过 Push 推送，还是通过微信等推送方式。好的规则能够让用户更容易地理解，因为几步操作就是用户耐心的极限了。

#### 7. 改进措施

通过活动效果进行实时数据分析，根据统计结果做出相应调整，找出存在问题，及时制定优化策略，对活动进行调整和完善。例如，提高优惠的力度或数量、优化活动页面、增加投放渠道等。

### 3.2.4 有效提升用户参与度

#### 1. 有料

有料的方法简单粗暴，但十分有效，对用户开门见山，如只要参加比赛就能获得价值 888 金币的皮肤一个；或者只要拿到前 10 名，就能获得手机一部。实打实，不花哨，直接用物质诱惑刺激用户，用户的参与度会提高很多。其本质就是让用户免费来抢，能抢多少就抢多少，这样的信号发出去后，用户就会积极参与。

#### 2. 有心

这个方法经常在朋友圈出现，那就是发邀请函。上面有用户的名字，是非常高端的邀请函，其制作成本其实很低，一张图 + 改几个字就可以完成。但用户收到后感觉非常棒，感到本人被平台邀请了、重视了，即使去不了现场，也要发朋友圈，这就是非常有心的事。例如，用户被腾讯邀请参加会议，即使去不了，也会把这个非常酷炫的图片发在朋友圈；还有发图片奖状，认可用户的价值和付出，如年度最受欢迎十大用户、年度内容突出贡献者等。活动与用户之间的沟通和交互就会自然产生。

#### 3. 有趣

有趣指的是活动本身要有趣、好玩才能吸引用户参与，这需要运营人员通过新颖的表达手法、网络热点、流行段子让用户参与到活动中。对于一些无法引起用户好奇的内容，可以直接让用户产生有趣的心理活动，在短时间内吸引用户。运营者可以从这几方面让用户感觉很有趣：看上去有趣，玩起来有趣。例如，抖音表情包会引发大家的积极参与，因为抖音短视频提供了各种各样搞笑的表情包，用户能够根据自身的喜好制作想要的头像并拍出想要的短视频，通过调动用户使用产品后觉得有趣的心理提高用户分享和使用的频率，从而带来巨大的用户量和较好的用户黏性。

# 第 4 章
# 新媒体文案写作

### 知识导读

新媒体文案写作主要包括产品介绍、公众号文章、自媒体文案、微博、朋友圈文案、人物简介、slogan、广告语、活动通知、软文、新闻等内容。新媒体文案写作是一项严谨的技术工作，写文案需要情感和灵感，像数学和编程一样，是一项严谨的科学，只有掌握新媒体写作的相关技巧，才能提升新媒体写作的能力。

### 学习目标

- 独立完成文案的写作
- 了解新媒体内容栏目的规划
- 掌握内容选题和构思的方法
- 掌握建立素材库并搜集素材的方法

## 4.1 标准化内容制作流程

大部分人都经历了从小学到高中的写作锻炼,已经具备基础写作能力,对于新媒体文案写作来讲,在没有时间、数字及条条框框的限定下,应该如何进行写作是值得关注的。因此,标准化内容制作流程给写作者提供了写作的基础方向,如图 4-1 所示。

图 4-1　标准化内容制作流程

**1. 制定栏目**

在规划内容时,把主题类似、选题相关的内容归为一类,形成特定风格的内容集合。栏目化内容运作不只做内容,更是一种产品运营、品牌打法,会让用户的阅读期待感更强,自身平台给用户的内容预期也会更加清晰,固定栏目一旦形成,就会叠加内容的力量,打造出自身平台的更多内容符号,起到"四两拨千斤"的作用。制定栏目不是一成不变的,可以在一定周期内根据用户的喜好进行调整。

**2. 选题**

新媒体文案的选题和标题同样重要,好的选题决定了文章的质量和水平,也决定了阅读量。一名文案新手不仅需要了解目标用户的喜好,还要对行业信息进行熟悉和研究,从而确定选题方向。选题可以理解为文章的主题,即想传达给用户怎样的信息和内容。当制定好新媒体栏目之后,可以用一两句话确定一个选题,如周六的内容栏目是春季美妆,选题是"跟着×××挑选春季美妆产品"等,吸引用户关注。

**3. 构思提纲**

刚刚撰写文章的作者容易出现一个问题,那就是文章给读者的感觉是东拼西凑的,没有清晰的思路,这个时候,撰写者要学会列出提纲,提前构思文章,搭建文章框架,用简明的文字精准表达主题。例如,以"跟着×××挑选春季美妆产品"这个选题为例,可以将这篇文章围绕主题分成为何要跟着×××挑选春季美妆产品、罗列美妆搭配的技巧、春季美妆搭配的注意事项等部分,通过一句话表达每部分要撰写的大致内容,针对各部分继续拆分下一层级;这样一层一层拆下去,逻辑就清晰了,每部分对应各自的内容,形成一篇文章的构思提纲。

**4. 采集素材**

新媒体文章需要定期推送,撰写者需要一个不间断地收集文章素材的过程,能引发思考的所见所闻都可以作为素材。撰写者可以从身边发生的故事出发,撰写有情感、有温度、个人化的生活感悟,也可以在网络上搜索热点话题或能引起关注的话题,进行素材的收集和整理,将这些热点话题结合平台自身的风格进行创作。

**5. 文章撰写配图**

如何在众多文章中脱颖而出?除了选题,还需要在文章的撰写中注意用户的体验感。适当添加图片是一个好的办法,一张好的配图不仅能增加文章的可读性、趣味性和信息量,还可以让读者在视觉上从密集的文字中脱离出来,稍作休息，继续阅读。配图时应该注意两个事项：①配图必须与文章内容紧密配合，不要为了配图而配图；②配图需要尺寸统一、色调统一、画质清晰、无杂质。

**6. 排版图片处理**

撰写者需要将编写好的文章和准备好的配图在不同的发布平台上进行排版，每个平台对字体和图片的格式要求都不一样，所以要按照用户的阅读习惯和平台的格式进行文章的排版。

**7. 审核发布**

在手机中预览文章效果，检查文章是否有错别字、排版等问题，然后发送给负责人进行审核，再根据负责人的建议进行修改。一切准备就绪后，就可以在平台上进行发布。

## ▶ 4.2 新媒体内容栏目规划

新媒体内容栏目规划可以从两方面入手：以用户为导向，以产品为导向。提前做好内容规划便于内容的分配，内容撰写者提前准备素材更能提高内容质量。

### 4.2.1 以用户为导向规划栏目

规划新媒体内容栏目是为了确定内容的创作方向，以用户为导向规划栏目就是要从用户的角度出发。确定目标用户后，围绕用户的生活、工作、情感和爱好等方面进行栏目的设定。生活方面包括健身、饮食、美妆搭配、家具装修、潮流时尚等话题；工作方面包括职场、专业技能教程、新媒体营销等话题；情感方面包括情感故事、家庭、亲子、情侣等话题。

### 4.2.2 以产品为导向规划栏目

当内容需要专注于某一领域时，可以选择以产品为导向规划栏目。例如，内容创作领域是家庭教育，就要从家庭教育的周边出发，寻找家庭教育这一领域中用户所需的内容，包括父母对孩子的教育观、孩子的成长环境等都可以作为内容进行创作；如果创作领域是宠物，就可以从宠物的养护、宠物趣事、主人与宠物之间的故事、宠物的种类出发进行内容的创作。这样全方位地进行内容规划，可以提高文章的质量和写作效率。

## ▶ 4.3 新媒体文案选题与构思

### 4.3.1 灵感式选题

灵感式选题即根据用户的了解，进行头脑风暴后得出的选题，特别是对于新媒体文案新手，在还没有建立和储备充足的选题素材库时，需要一些外部信息刺激灵感再现，可以从以下几方面着手。

（1）日常生活。日常生活中有丰富的内容，其中一定有某些部分是人们最感兴趣的、投入最多的、最有收获的、谈论最多的，这些部分通常也是思维最活跃的部分。观察自身的生活、周围人的生活，记录其中最有启发的地方，就可以慢慢积攒素材和灵感。

（2）媒体。媒体，尤其是社交媒体有各种各样的资讯和故事，可为写作提供丰富的素材，同时还能启发灵感。在确定写作方向后，多关注该领域的资讯和事件，把这些故事记录下来作为自身的写作素材，同时关注社交媒体资讯，也可以帮助撰写者保持思考上的开放性，更有利于随时捕捉到头脑中的灵光乍现。

（3）同行探讨的话题。作为新手，可以在写作时多看看同行、同领域的写作者在写什么样的话题，多了解这个方向的各种话题、各种可能性，这样选题思路就会开阔很多。写别人写过的话题一定不可抄袭、不可模仿、不可化用，这是一个写作者最重要的自律。

（4）阅读。对于所有的写作者来说，阅读都是重要的灵感来源，读到的观点、故事、场景甚至是一句话，可能都会让人灵光一闪，想到一个新话题。阅读可以提升自身眼界，打开认识世界的窗口，同时保持活跃的思维和对问题的敏感度。足够开放，足够敏感，方能捕捉到选题，进而落实。

### 4.3.2 竞品分析式选题

可以通过新榜或清博大数据寻找同行的微信公众号，根据SWOT分析模型对竞品进行分析，根据分析内容将自身实力和竞品做对比，从优势和机会中找突破口，避免和对方的长处硬碰硬。SWOT分析代表分析产品优势（strengths）、劣势（weaknesses）、机会（opportunities）和威胁（threats），由此确定撰写者的选题方向和技巧。同一个竞品不同时间的选题，可以根据数据互动等进行评分，然后就可以从中得出什么样的选题是比较受欢迎且稳定的。例如，将各种竞品的推送时间根据数据进行打分，就能分析出此类新媒体号发文的最佳时间。

例如，对于旅游类的营销号而言，除了一般的旅游攻略，还有其他选题方向。在竞品里可以看到从人物切入的旅游、从商业切入的旅游，这些都是不同的选题角度。还有的竞品根据一年四季的节气推荐旅游点，根据即时热点进行总结。经过一系列的归类和分析，即可明确自身选题的侧重点和方向。

### 4.3.3 资讯参考式选题

在进行选题时，如果撰写者对用户感兴趣和关心的事情不了解，可以参考行业资讯确定自身的选题方向。可以从今日头条、微信公众号、一点咨询等新媒体平台进行选题，也可以从品途网（一家O2O专业研究与服务机构）、钛媒体（国内首家TMT公司人社群媒体，最有钛度的一人一媒体平台）、虎嗅网（有视角、个性化商业资讯与交流平台，核心关注对象是包括公众公司与创业公司在内的一系列明星公司）等众多新媒体平台上进行文案的选题和构思。为了提高资讯参考的效率，可以将这些资讯和网站集合保存成书签，建立适合自身的素材库。

### 4.3.4 文章构思

在确定文章选题之后，需要对文章选题进行构思，把内容模块化地表现出来，一般常用的文章构思有以下三个要点。

（1）内容统筹。文章内容构思有理有序，内容丰富又有条理，在纷繁中求条理，让所有材料和内容殊途同归。

（2）连贯首尾。文章的开头和结尾要前后呼应。如果内容和文字先后颠倒，承接处字句不恰当，就会妨碍意思的表达。

（3）取舍素材。构思时对素材进行取舍，做出合理安排。取舍就是保留对材料主题有用的，舍弃对主题没用的，恰当地安排素材，做到繁简适度、运用得当，这样才能适应表现主题的需要。

### 4.3.5 新媒体文案写作素材收集

作为一个新手，如果想要写一篇优秀的新媒体文章，引起用户的共鸣，那么就要准备大量有质量的文章素材。在收集写作素材时，主要有以下三点注意事项。

（1）日常的积累。及时记录现在及将来可能用到的素材，包括亲身经历、朋友圈、电影、综艺、微博热搜、知乎热搜、热点事件的网友评论等。以上来源包括素材，但不仅限于其中。

（2）学会使用搜索渠道。微信内部搜索、微博搜索、知乎搜索、百度搜索、小红书搜索，以上App是在某个领域中做得比较出色的，其用户量也非常惊人，搜索结果也很丰富。

（3）学会分类整理。吸引眼球的标题、金句良言、名人观点、引起共鸣的小故事、热搜图片、热搜视频、搞笑表情包、热门音乐等，这些分类可以帮助撰写者选择适合自身的写作领域，起到事半功倍的效果。

## 4.4 选择网页浏览器

在日常的网页搜索中，要养成将有用的素材添加到浏览器收藏夹中的习惯，形成一个新媒体写作的素材库，这样才能更高效地开展工作。在浏览器的收藏夹中，要优先考虑云同步书签，这样保存的书签就可以同步到计算机或手机上。

## 4.5 素材库分类

根据互联网内容的生产方式，可以将素材网站分成三大类：PGC（专业生产内容）网站收集，即专业领域的专业人士创作和生产的内容；OGC（职业产业内容）网站收集，即品牌或企业的新媒体运营者创作和生产的内容；UGC（用户产生内容）网站收集，即用户自发地在互联网或平台上发布的相关内容。

### 4.5.1 PGC（专业生产内容）网站收集

PGC 生产者大多具有专业学识或者工作资质，收集由行业专家提供的内容会给用户更权威、更有用的帮助，可以将 PGC 细分成行业专家、行业自媒体和垂直网站三个素材来源渠道。

#### 1. 行业专家

行业专家是指从事于该行业、具有资深的工作经验和行业见解的个人。可以从微博、知乎等不同新媒体网站进行 PGC 收集。例如，可以在微博上进行关键词的搜集，然后选择个人认证用户，筛选行业专家微博账号并关注，就可以在专家的账号中看到对热门事件、行业话题的分享和问题解析，并将其整理收藏在素材中。

#### 2. 行业自媒体

行业自媒体由行业内的专业人士对行业的资讯或玩法进行分享，具有丰厚的经验和独特的观点，主要平台是微信公众号、今日头条、微博、抖音等，所以需要从第三方平台寻找行业热点自媒体账号。新榜是一个内容产业的服务平台，可以从这里看出对各类自媒体平台真实、有价值的运营榜单，可以快速帮助撰写者找到各领域的自媒体账号，然后根据行业榜单的排名搜索该自媒体，如图 4-2 所示。

图 4-2　行业榜单的排名

3. 垂直网站

行业的垂直网站一般专注于该行业，能够提供专业化的资讯、选题和素材，可以供撰写者转载和加工。站长之家是一家专业为个人站长与企业网络提供全面的站长资讯、网站流量统计服务和对不同类型进行归类的服务性网站，在寻找垂直网站时可以借助这一功能。可以打开站长之家网站进行行业排名，然后选择细分类目，找到精准的垂直网站，将其收藏为书签，如图 4-3 所示。

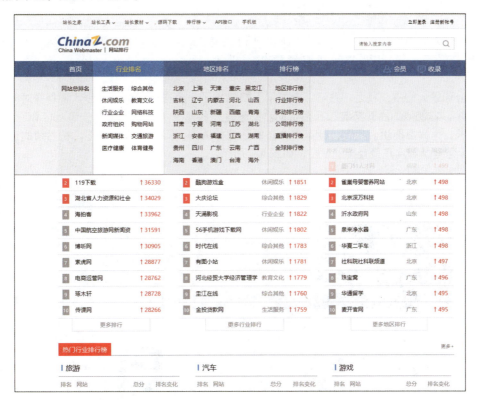

图 4-3　垂直网站

## 4.5.2　OGC（职业产业内容）网站收集

OGC 指的是以提供相应内容为职业，如媒体平台的记者、新媒体内容的编辑、企业新媒体的运营者等，进行内容的生产制作。这类内容素材网站可以细分为搜索引擎、媒体平台和热门榜单三部分。

1. 搜索引擎

搜索引擎能够帮助撰写者进行全网络内容的寻找，可以在百度上进行网页素材的搜集，在搜狗上进行微信公众号素材的搜集，可以将不同的搜索引擎收藏为书签，以方便查找。

2. 媒体平台

撰写者需要将各类媒体网站收藏为书签，这样才能更方便地了解全国乃至全球各地发生的大事小情，掌握一手的新闻资讯和热门事件。可以将媒体平台分为社会类新闻和行业类新闻两个类型。其中，社会类新闻指的是以报道民生为主的具有社会性质的新闻，如人民网、央视网、新京网、凤凰网等。行业类新闻指的是关于报道行业垂直领域的资讯，报道这类新闻的网站分为两种，一种是垂直网站，专业做某一行业，如时尚领域的时尚芭莎、互联网领域的虎嗅网等；另一种是门户网站的细分版块，如腾讯网中体育、健康等领域的资讯。关于门户网站，下面推荐几个常用的网站，如网易网、腾讯网、搜狐网、新浪网、新华网。想要寻找更多的这类网站，可以通过站长之家进行网站排名功能搜索。

### 3. 热门榜单

如果想了解当下用户正在热议哪件事情或者关注哪些热门事件，热搜榜单能帮助撰写者。热搜榜单将实时收录用户热议的事件，并按热度进行排名。因此在做选题时可以参考用户关注的热门事件，再进行相应的结合，从而获得较高的关注度。其中，微博热搜榜、搜狗热搜榜和百度搜索风云榜都能第一时间进行热点事件的呈现。

### 4.5.3 UGC（用户产生内容）网站收集

UGC 是指用户发表的评论和想法，可以在 UGC 平台快速了解用户，并搜集评论与内容，取得授权后进行二次加工处理。同样，撰写者需要把能收集到 UGC 素材的网站收藏。

#### 1. 百度贴吧

百度贴吧是全球最大的中文社区，贴吧结合搜索引擎建立了一个在线的交流平台，将那些对同一个话题感兴趣的人们聚集在一起，方便他们展开交流和互相帮助。贴吧是一种基于关键词的主题交流社区，它与搜索紧密结合，准确把握用户需求，为兴趣而生。找到目标用户分布的贴吧并关注，同时收藏为书签，在后续的运营过程中，多关注用户的动态是运营者了解用户最直接的途径，如图 4-4 所示。

图 4-4 百度贴吧

#### 2. 豆瓣

豆瓣是一个社区网站，其核心用户群是具有良好教育背景的都市青年，包括白领及大学生，他们热爱生活，除了阅读、看电影、听音乐，更活跃于豆瓣小组、小站，对吃、穿、住、用、行等进行热烈的讨论；他们热衷于参与各种有趣的线上、线下活动，拥有各种新奇的创意，是互联网流行风尚的发起者和推动者。豆瓣的每一个小组、小站和百度贴吧的每个吧是类似的，都是根据某一个兴趣或话题而集聚相同属性的人群，然后用户在小组里展开讨论和交流，如图 4-5 所示。

图 4-5　豆瓣

### 3. 知乎

知乎是一个较为真实的网络问答社区，该社区的氛围友好而理性，连接各行各业的精英，用户分享着彼此的专业知识、经验和见解，为中文互联网提供源源不断地高质量的信息。准确地讲，知乎更像一个论坛，用户围绕某一感兴趣的话题进行相关的讨论，同时可以关注兴趣一致的人。知乎的话题功能是将相关的问题作为一个集合。同样，要找到目标用户发布的话题，将页面收藏为书签，并多关注用户发布的问题，了解用户的需求，如图 4-6 所示。

图 4-6　知乎

### 4.5.4 常用的工具网站

运营者也可以将日常所用的工具网站作为素材库，这样将会节省很多时间。

#### 1. 图片处理网站

（1）UUPOOP 是一款在线图片处理网站，可以在上面进行图片的简单处理和操作，使用在线去除水印、取消杂物等基础功能。同时，这里还有照片编辑、手机端海报设计、公众号封面制作、抠图和证件照底色等功能，如图 4-7 所示。

图 4-7　UUPOOP

（2）Topaz Gigapixel AI 是一款功能实用的人工智能图片放大软件，可以实现图片无损放大，使低分辨率的图片转换成高分辨率、高质量的图片，还能够自动弥补图片损失的细节，增强画质。上传图片后能够自定义放大倍数与降噪程度，放大后清晰度与原图相似，适合对一些照片细节进行处理，如活动大合照、产品细微拍摄图等，如图 4-8 所示。

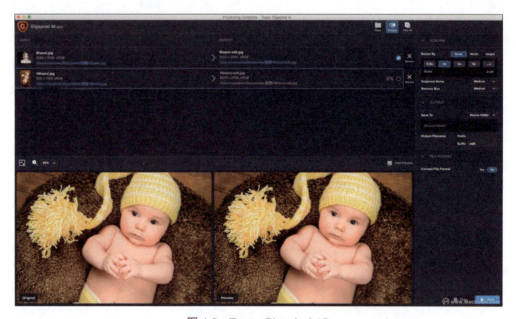

图 4-8　Topaz Gigapixel AI

(3)创客贴是一款智能的设计工具,网页版可以在线设计创作,通过简单的拖、拉、拽操作就可以设计出海报、PPT、名片、邀请函等各类平面设计图。创客贴提供社交媒体、广告印刷、工作文档、生活、广告横幅、电商六大设计场景和63个小类设计模板,从公众号封面图到头图,配图到底图二维码,再到文案海报、信息长图设计,均可以一键完成,如图4-9所示。

图 4-9　创客贴

## 2. 新手入门排版工具

(1)135排版是一款在线微信排版编辑器,在样式模板上和秀米一样,提供了大量的免费样式,有10万多款样式可供选择,涉及电商时尚、医疗健康、政务宣传等不同行业,同时实现了与创可贴等工具的合作,及一键排版等功能,如图4-10所示。

图 4-10　135排版

(2)i排版能够满足基本的排版。除了好玩的互动样式外,i排版还实现了与很多平台的对接,包括创客贴、包图网、小程序模板、MAKA等,如图4-11所示。

图 4-11　i 排版

（3）新媒体管家是一款镶嵌在浏览器内的插件，可以直接在公众号后台进行编辑，提供基础的排版和文字格式处理。安装方法：首先下载安装文件及插件，打开插件所在的文件夹，找到下载好的文件，扩展名是 crx；然后打开浏览器扩展安装页面复制 qqbrowser://extensions/manage，并粘贴到地址栏，按 Enter 键进入扩展中心页面；最后安装插件，把下载的 crx 文件拖入扩展中心页面，并在安装弹窗中单击"确定"按钮即可，如图 4-12 所示。

图 4-12　新媒体管家

# 第 5 章
# 新媒体引流

## 知识导读

目前,最能产生粉丝效应的主要是直播、线下自媒体、App 这三种不同的引流方式,通过这些方式,运营者能够从更深层次与粉丝交流。

## 学习目标

- 掌握直播间的引流方法
- 了解各种 App 布局的引流战略
- 理解线下自媒体的引流方法
- 了解新媒体的引流规则

## 5.1 直播引流方法

近年来,直播在新媒体中兴起,带动整个电商行业走向了"直播元年"。直播引流具有成本低、粉丝黏度较高、变现快、流量大等优势,因此受到了大量微电商运营者的追捧。目前,直播主要分为"直播+电商"和"直播+游戏"两大直播平台,包括淘宝、抖音、快手、微博、斗鱼TV、虎牙等,它们各具优势。从平台角度看,淘宝直播是目前最大的直播电商平台;快手与抖音位列其后。其中,以游戏直播为主的斗鱼和虎牙拥有热门电竞入口,签约了大量有职业电竞背景的主播,吸引了大量的用户,取得了较高的用户黏性和收益。

### 5.1.1 剖析六大直播平台

**1. 淘宝**

淘宝直播是阿里巴巴在 2016 年推出的一款直播平台,其中,某主播在 2016 年 4 月进行拍卖活动,吸引了 50 多万人在该直播平台围观。2017 年 12 月,淘宝推出"超级 IP 入淘计划",宣布了首批拿到"映象淘宝"认证的 20 余档 IP 名单,在该计划的帮助下,经过"映象淘宝"认证的超级 IP 不但能够在淘宝得到更好的流量扶持,还将在变现上得到支持。随后,平台投入 100 亿元用来奖励优质短视频内容。2018 年 3 月,直播入口转移至首屏。2019 年 1 月,淘宝直播独立 App 上线,同时启动"村播计划",在 100 个县培育 1000 名月入过万的农民主播,用主播带货的形式助力农产品上行。淘宝直播举行了超过 15 万场农产品直播,超过 4 亿人次在线收看,形成了"主播+县长+明星"的特色直播。双 12 期间,28 个县的优质农产品成为"淘宝乡红",淘宝为这些农产品设立会场、票选网红农产品,淘宝主播则在黄金时间免费带货,为农产品打开了新的销路。2019 年 7 月,淘宝直播推出"启明星计划",打造 1000 个跨平台、跨领域和跨身份的主播。同时,淘宝直播还用更大的力度赋能直播生态的参与者,2019 年打造了 10 个主播学院和 100 个金牌基地。目前,淘宝直播拥有庞大的用户基础,消费者每天观看淘宝直播内容超 15 万小时,可购买的产品数量高达 60 万种,以服饰和美妆为主,如图 5-1 所示。

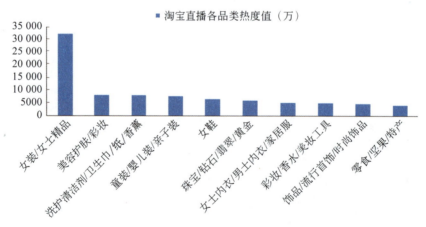

图 5-1 淘宝直播各品类热度值

**2. 抖音**

该平台以内容种草为核心,聚焦年轻人潮流个性的生活态度。2018 年 5 月,抖音正式启动电商,以短视频、直播带货为主,导流由淘宝等平台对接。目前,短视频带货持续完善,素人主播焕发巨大活力,数量占据大半,其余依次为网红、成熟的 KOL、明星和品牌机构。其中,直播内容主要是种草开箱、型男靓女、美妆、穿搭时尚、美食、健身、搞笑剧情段子等,直播带货品类主要有美妆、服饰、居家日用。该平台的流量分发模式使得其头部视频的商品容易爆红,实现高流量下的高触达和高转化,但是平台对流量及商业化的把控能力更强,导致用户更多地为被动接受内容推荐,如图5-2所示。

3. 快手

快手直播主打"以人为本,去中心化",面向下沉市场用户,营造平民化、去中心化的社区氛围,是因信任而实现带货的电商模式。根据淘宝联盟的统计,"双11"期间,来自多个平台TOP50的达人卖货榜中,近4成的达人来自快手平台,主要供应链为淘宝、拼多多、京东、有赞、魔筷星选、快手小店等。相对于淘宝直播来说,在强社交信任关系的驱动下,快手的粉丝质量与私域流量的控制力更强。相对于抖音来说,快手具有相对平均的流量分配机制和偏私域的生态,为腰部主播和品牌提供了更多的生存空间。同时,快手也引入电商服务商,为平台提供供应链资源、销售相关的培训等。2019年12月,快手拿出30亿流量扶持1万名二次元垂直领域的创作者,助力1000个新账号成长为优质创作者,最终出现100个百万粉丝级大号,以及10个优质国漫标杆,如图5-3所示。

4. 微博

微博作为国内最大的天然舆论场,拥有大量的曝光度和流量。微博橱窗是一个高流量性质的产品展示窗口,除了能够给产品全方位的曝光度,还给天猫、京东等电商平台导流。据微博方面提供的数据显示,2019年上半年,有7.8万个内容作者通过电商获得收入,大V用户中,发布电商内容的比例达到30%。2020年4月,微博#花花万物节#期间,三农、母婴育儿、美食、美妆等14个垂直领域超200位大V用户在3天时间内共售出商品223万件,累计销售额达3.3亿元。2019年8月,微博电商直播与淘宝打通,并支持大V发起单场付费直播或面向粉丝群、铁粉等的定向直播。该合作实现了两个平台的用户关系和数据互通,微博海量的用户为淘宝直播内容及流量提供了强大的支持,从整体上提高了品牌的曝光度;"边看边买"完美融合,微博博主在直播时可以更流畅地让用户购买淘宝商品,淘宝端开播可绑定和同步到微博,实现双平台分发,如图5-4所示。

图5-2 抖音直播

图5-3 快手直播

图5-4 微博直播界面

### 5. 斗鱼 TV

该平台主要是以"直播＋游戏"的方式进行平台引流和变现。如今，游戏直播已经成为一种成熟的游戏宣发和与用户互动的方式。据统计，2019 年 9 月，斗鱼游戏直播用户量达 4984 万人，在各大平台中排名第一。其前身是 ACFUN 弹幕视频网，成立于 2014 年 1 月 1 日，主要为用户提供赛事直播和视频直播，并将影视、科技、音乐、体育、户外等多种元素融入直播。据第三方平台显示，2016 年斗鱼 TV 日活跃用户达 1200 万，月活跃用户数量为 1.3 亿~1.5 亿。同时，在百度发布的 2016 热搜榜单中，斗鱼直播在 90 后十大热情关注和 00 后十大新鲜关注中名列前 5。2017 年，斗鱼直播累计注册用户 2 亿，每天有 9 万~10 万主播开播，晚间高峰时段有 2 万左右主播同时在线开播。截至目前，斗鱼 TV 已经进入全球网站前 300 名，全国前 30 名，浏览量在国内视频类网站中排名前十，游戏直播平台中排名第一。斗鱼 TV 根据自身平台特点，运营模式为娱乐新媒体、游戏及产品分发渠道、优质视频，主要内容包括斗鱼＋"大众创业、万众创新"、斗鱼＋公益、斗鱼＋生活、斗鱼＋游戏、斗鱼＋娱乐、斗鱼＋体育竞技、斗鱼＋就业等，如图 5-5 所示。

图 5-5　斗鱼 TV 直播界面

### 6. 虎牙

虎牙直播的前身是 YY 的游戏直播部门，2014 年更名为"虎牙直播"，正式从 YY 独立出来。近年来，虎牙不仅深耕游戏直播内容，还逐步覆盖了二次元、户外、综艺、交友等多元化娱乐内容，以满足用户多样化的观看需求。目前，虎牙的月度活跃用户已突破 1 亿人。2018 年 3 月，虎牙宣布获得腾讯战略投资 4.6 亿元，腾讯成为虎牙仅次于欢聚时代的第二大股东。2018 年 5 月 11 日，虎牙正式在纽约证券交易所挂牌上市，成为中国游戏直播第一股。作为游戏直播平台，虎牙的营收主要来源于直播收入和广告收入。直播收入主要是由用户在观看直播时在平台内购买虚拟礼物并对主播进行馈赠产生的。自 2017 年开始，直播收入以维持同比增速超过 100% 的态势稳定增长，2018 年直播收入达到 6.47 亿美元，是 2017 年的两倍，占比超过 95%。虎牙的广告收入在 2018 年达到 3.21 千万美元，占总收入的比重非常少，只有 5%，不过随着虎牙知名度的提高和用户画像的不断完善，虎牙对广告商的吸引力逐渐提高，未来广告收入占比可能会提升。虎牙作为 YY 的子公司，完整地继承了 YY 成熟的公会运营经验和丰富的公会资源，通过工会、经纪公司联手培养主播，不仅保障了主播数量，也保障了内容质量。另外，虎牙还设立了专业的经纪部门，为自主签约的主播制订个性化的培养方案，进行全方位的包装与推广。按照主播人气指数排名，TOP50 的主播中有 48% 来自虎牙，如图 5-6 所示。

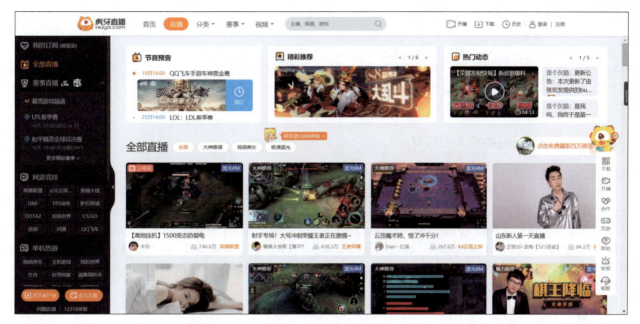

图 5-6 虎牙直播界面

## 5.1.2 装扮有吸引力的直播间

直播引流的重要因素是主播的人气，在直播平台上，每个主播都有自己特定的直播间，他们在这里和粉丝互动交流。而对于主播来说，不仅自身要有特长、才艺，能与观众实时互动，还要特别注意直播间的布置，装扮好直播间才能吸引观众。做直播首先要求质量过硬的硬件设备，如高清摄像头、过滤麦克风、录制软件和补光灯。在游戏直播过程中，系统把游戏画面与摄像头取景画面自动整合，经过技术加工后，就成了平常看到的实时解说与实时互动同时进行的网络游戏直播。除此以外，装扮直播间主要有以下三个小技巧。

（1）写好直播间公告。主播可以设置直播间的展示版，上传一段视频介绍自己，也可以在直播公告上展示直播的开播时间、新浪微博用户名、QQ 空间、淘宝店 ID 等信息，这是一个不错的推广机会。

（2）设置直播间标题。多数观众喜欢轻松、幽默的氛围，因此直播间的标题需要设置得有特色，与直播的主题相呼应。

（3）配置直播间的背景音乐。在直播过程中，如果仅是主播在说话，就会显得枯燥乏味，可以配置背景音乐。

## 5.1.3 适合自己的个人标签

在一个直播平台中，特别是在知名的直播平台中，每天都活跃着成百上千位主播。很多观众就是通过标签寻找主播的。如果主播的标签设置得不合理，就很难被观众搜索到。在直播平台中，主播可以通过个人标签推广自己。在选择个人标签时，需要注意以下两点。

（1）根据直播内容设定标签。标签要根据直播的内容而定，如直播内容是美妆种草，就不能够选择"歌手"的标签。一个符合内容的标签对增加粉丝起着重要的作用。

（2）选择正确的直播类型。例如，之前做游戏的直播解说，现在更改为户外的场景直播，就要修改直播分类，否则系统管理员会强制关闭直播视频。个人标签是最能体现主播特色的个性化标志，标签内容可以是对主播的直播风格、房间特色等的描述。通过个人标签，观众可以很方便地订阅主播的账号。个人标签将主播和观众对应起来，主播可以找到忠实粉丝，观众可以定位合适的主播，这种双向选择的模式能带来更多的收益。

### 5.1.4 将直播间的流量引入微信

在很多直播平台,用户是不能直接添加主播为好友的,想要添加主播为好友,就需要支付一定的费用。这样就会导致很大一部分潜在客户流失,他们会因为不想付费而选择不添加主播为微信好友。这时,可以通过一些方式提升用户的参与感和互动性。例如,抽奖和设置游戏,让用户在直播过程中参与,通过一些筛选和鉴别,获胜的用户将可以直接添加主播为好友,这样就可以将直播中的用户引流到微信中。

### 5.1.5 在视频直播中植入微信号

**1. 直播 + 产品体验**

2019年,淘宝直播平台中的某主播在5分钟之内卖光了15 000支口红;与马云PK直播带货,以1000∶10的碾压式比分完胜;3分钟卖出5000单资生堂产品,仅这一个单品的销售额就超过600万元;他的直播间到底有什么不同,为什么能够吸引众多的用户?主要就是自己亲自试用、体验产品,然后展示产品的成分,讲解专业的名词,包括讲解化妆中的问题、技巧、小知识,也会让团队的其他同事配合化妆或做试验;会用一些趣味的试验展示商品的核心卖点;最后形成一个良好的直播间氛围,能有效地将粉丝引流到微信。

**2. 直播 + 微信发红包**

当粉丝进群后,为了活跃粉丝群里的氛围,可以定期在群里发红包,根据每个群的粉丝数和活跃度增加红包的金额和数量,将有利于增进粉丝的黏性和忠诚度。

**3. 直播 + 广告植入**

根据标签可以在直播间进行相应的广告植入,美妆主播可以在分享美妆技巧时插入一些知名化妆品牌的信息,美食主播可以将一些带有明显品牌信息的美食展示给观众。这种广告植入的方式效果很好,因为用户会根据该主播的喜爱购买其推荐的产品,最后在直播过程中植入微信号。

**4. 直播 + 场景植入广告**

场景植入广告就是在一个场景中有意无意地将该产品呈现在镜头前展示给用户。电视剧中的场景植入广告是直播可以借鉴的。例如,一场大型的户外直播的主播教大家钓鱼的技巧,因为天气很热,随身携带的墨镜特别引人注意。这时,主播就可以顺便介绍一些墨镜的品牌及其性能,展示微信二维码让用户扫码选购,这就是直播中的场景植入广告。

**5. 直播 + 回答网友问题**

主播在直播的时候需要和网友进行交流互动,在直播过程中,如果网友提出一些问题,不方便在直播间回答的就可以引导网友加微信,将用户从直播间引流到微信。

**6. 直播 + 游戏比赛**

一直以来,"直播 + 游戏"都是行业的焦点,拥有固定的受众群,主播可以在直播中开展一些游戏比赛,游戏排名靠前的用户将加入指定的微信群领取获胜礼物。这样的方式不仅可以调动直播间的氛围,还能将直播间的用户引入微信。

## 5.2 App 引流方法

随着智能手机的广泛普及,手机App引流已成为一个重要的引流方式,不同类型的App具有不同的特点和引流技巧。运营者只有准确把控各类App的特点,才能为以后的引流打好基础。本节将重点介绍不同App的引流方法。

### 5.2.1 社交类 App 引流

**1. 微信**

微信是腾讯公司于2011年1月21日推出的一款社交类App,覆盖率已在90%以上,成为继QQ以后的社交神器。微信拥有众多个性化的功能，可以满足用户各式各样的需求。在引流上，运营者可以通过微信群进行用户管理，也可以通过公众号的发布来吸引和维护用户。

#### 2. 新浪微博

微博也是当下火热的社交 App 产品，也成为当下运营者引流的主要方式之一，具有以下特点：①随时随地：以"随时随地发现新鲜事"为宣传口号，可以使用户随时随地发布和接收消息，打破时间和空间的限制。②快速传播：微博上的热点消息一旦发送成功，可以快速传送到用户端，也可以通过热门消息快速搜索此时此刻的热点事件。③群社交：用户可以根据自己的兴趣和爱好加入感兴趣的微博群，参与话题的讨论和交流。同时，可以在微博上看到天猫等电商平台的各种产品信息和广告，它已经成为微电商运营者的重要引流工具。

#### 3. 抖音

抖音是由今日头条推出的一款短视频分享 App，于 2016 年 9 月上线，是一个专注于年轻人音乐短视频创作分享的社区平台。抖音应用人工智能技术为用户创造多样的玩法，用户可以通过这款软件选择歌曲，拍摄音乐短视频，形成自己的作品。2018 年 5 月，抖音上线店铺入口，用户可以进入抖音达人的个人店铺进行购物。2019 年 4 月，抖音与京东达成战略合作，在"6·18"购物节实现京东购物车接入抖音。

#### 4. 腾讯 QQ

QQ 的用户量虽然逐年下降，但它还是有强大的用户基础，拥有众多的个性化装扮以及社区交流话题，人们可以在不同的地方进行通话交流，并分享自己身边的事情，以开发 QQ 的潜在用户；还可以利用 QQ 群、公众号或空间等方式进行引流。

### 5.2.2 商务类 App 引流

#### 1. WPS

WPS Office 是一款办公软件套装，由金山软件股份有限公司自主研发，具有多种便捷的办公功能，如文字智能处理、生成电子表格、WPS 演示等。WPS Office 的优点是体积小、速度快、支持的文档格式多。另外，WPS Office 特殊的文档漫游功能让用户可以轻松实现在任意地点办公的需求。用户只需要把文件放入云端，WPS Office 便会自动保存，用户不用费力查找文件或者担心数据丢失，云端会永久保存文档内容。

#### 2. QQ 邮箱

腾讯 QQ 的用户量非常大，QQ 邮箱与 QQ 账号自然绑定，只要用户注册了 QQ 账号，就可以使用其绑定的 QQ 邮箱，QQ 邮箱凭借其安全可靠、迅速便捷的优势成为中国用户常用的邮箱之一。商家除了可以利用 QQ 邮箱给其他用户发送邮件，还可以使用贺卡、明信片、漂流瓶等功能进行引流活动。例如，微电商运营者可以群发邮件，宣传推广产品或服务，或者在给客户发送贺卡、明信片、漂流瓶等动态信息时，附带推广信息等。

### 5.2.3 资讯类 App 引流

今日头条是流量巨大的开放式自媒体平台，可以通过对热门话题进行再加工的方式引流。例如，产品是时尚类，可以到今日头条的时尚类目找热门话题，进行评论或撰写相关话题的文章进行引流。在文章结尾处可以加一段文字：作为一个互联网实战践行者，对"互联网+项目"及自媒体、文案策划有较深的研究，分享交流学习也可添加。这样就会将部分用户引流到另外的平台上。

### 5.2.4 音频类 App 引流

音频类 App 主要是指电台类 App，主要有喜马拉雅 FM、蜻蜓 FM 和荔枝 FM。音频类 App 主要的引流方法就是开通个人电台，直接推广和宣传自己的产品和服务。例如，喜马拉雅 FM，首先需要注册账号或者通过第三方平台快速登录，第三方平台有腾讯 QQ、微博和微信；其次设置"个人电台"信息，如设置"个人设置""消息设置""头像设置""隐私设置"等信息；接着上传个人音频作品，设置"声音信息"，也就是给音频作品添加标题和图片等内容；最后上传宣传图片并填写文案，包括歌词、外文释义等信息。开通个人电台上传音频作品时，有以下两个注意事项：

一是主题要鲜明，内容要充实，音频作品要有针对性才能吸引听众；二是情感要到位，仅依靠声音突出自己的存在感是不够的，因为没有任何的画面信息可以传递，所以听众需要从声音中感受到电台主持人的情感。

### 5.2.5 视频类 App 引流

**1. 腾讯**

腾讯视频是腾讯科技（北京）有限公司于 2011 年 4 月正式上线的在线视频平台，有丰富的优质内容和专业的媒体运营能力，是集热播影视、综艺娱乐、体育赛事、新闻资讯等为一体的综合视频内容平台，并通过 PC 端、移动端及客厅产品等多种形态为用户提供高清流畅的视频娱乐体验，以满足用户不同的体验需求。

**2. 爱奇艺**

爱奇艺在 2010 年 4 月 22 日正式上线，秉承"悦享品质"的品牌口号，积极推动产品、技术、内容、营销等全方位创新，为用户提供丰富、高清、流畅的专业视频体验，致力于让人们平等、便捷地获得更多、更好的视频。目前，爱奇艺已成功构建了包含电商、游戏、电影票等业务在内、连接人与服务的视频商业生态，引领着视频网站商业模式的多元化发展。

### 5.2.6 互动类 App 引流

互动是微电商运营者引流的重要部分，只有人与人之间产生了互动，才会有沟通交流，社会资源才能够顺畅流通。微电商运营者只有通过互动才能让客户了解自己和自己的产品，并最终为产品买单。所以，使用互动类 App 开展引流工作是微电商运营者必须要做的工作之一。当下，互动类 App 非常多，如互动吧、问卷星、微调查等。问卷星是一个在线问卷调查、测评、投票的平台，也是全球最大的免费问卷调查平台，具有效率高、质量高、成本低的优势。用户可以免费使用，在使用过程中不限题目数、不限答卷数。使用问卷星开展相关问题调查时，可以设计一个合适的问卷外观，选择和问卷类型相符的背景图片，这样做有利于吸引用户填写问卷。为了达到更好的调查效果，微电商运营者可以将设计好的问卷分享到微信中，邀请微信好友填写。除此之外，还可以选择和其他调查者互填问卷，这种方式的优点是实用、高效。

### 5.2.7 生活休闲类 App 引流

目前，生活休闲类 App 主要有美团、大众点评、58 同城等，这类 App 可以为人们提供吃喝玩乐参考、社交活动、互动交流等价值，受众主要集中在本地，为用户持续提供地域化、专业化、有价值的内容是吸引用户的重点。

**1. 美团**

该平台的运作模式是 O2O 模式，线下商家入驻平台，平台展示商品和服务信息，为用户提供美食、外卖、酒店、旅游、电影等生活服务，同时提供支付接口和售后服务，用户购买商品和服务后到线下消费。将产品入驻美团平台，在商家信息列表中，对商家名称、优惠标签、评级、平均消费、商家类别、地段名称、距离、消费人数、全部或部分优惠信息等商家信息进行完善，确保用户更快地捕捉到有效信息，也可以通过发放优惠券和留下联系方式实现引流。

**2. 大众点评**

在大众点评里，可以通过以下两种方式进行引流。①评论：在大众点评上面有很多商家发布的视频，也有很多点评者发的帖子，帖子会被很多人浏览并且点赞或者评论；也可以发帖，每一位留言的用户基本都是精准人群，后台和他私聊即可，也可以用多个账号、多个部落发帖，以提高引流效率；还可以通过其他帖子下方的回帖进行截流，私信对方。②论坛发帖：大众点评里可以加入社区论坛，当进入社区论坛首页时，就会发现里面有很多的小部落，如美妆、美食、玩乐、母婴等，可以通过发布帖子吸引别人的眼球，而且大众点评的细分非常多，做哪个板块的产品，就选择哪个板块发帖。

### 5.2.8 医疗健康类 App 引流

健康医疗类的 App 是一类基于移动端的医疗类应用软件，有在线问诊、预约挂号和网上药店以及查询专业信息的功能,随着网络的发展和人们对健康生活方式的追求,越来越多的人选择在各类医疗类 App 中寻找解决办法。其中,平安好医生、丁香医生、1 药网等医疗健康类 App 受到人们的广泛关注。

例如,平安好医生是覆盖在线医疗和健康保健业务两大领域的医疗行业平台型产品。在在线医疗领域,平安好医生组建了具有近 1000 名私家医生的服务团队。私家医生是平安好医生的核心盈利模式,私家医生的服务有邀请名医会诊、安排住院、挂号协助、报告解读、定制体检方案、陪同就诊等各种套餐服务。在健康保健领域,平安好医生通过直播开课、健康头条等内容营销聚集流量,引流销售药品保健品、医疗仪器设备、日常用品等商品。通过用户的健康数据、医疗数据针对性地推送商品。另外,"买硬件产品,送私家医生服务"的服务模式将硬件产品和私家医生服务打包销售。目前,使用平安好医生的用户数量已经突破 3000 万。运营者可以在咨询环节和网友互动环节中实现推广和引流,如图 5-7 所示。

图 5-7 平安好医生

### 5.2.9 App 内部引流

(1)扫描二维码赠送小礼物。扫描二维码赠送小礼物是一种比较常见的内部引流方法,针对不同产品,在运营的形式上需要有所创新。

(2)内部邀请引流。例如,美团消费者在店铺内拍一张自己的照片发到微信朋友圈就可以获赠一份免费甜点;或者是商家可以主动给顾客赠送一张优惠券,同时,优惠券不限本人使用,可以转赠给他人使用。

(3)积分奖励引流。利用积分奖励引流是指用户在使用指定的 App 购买某产品后,会获赠一定的积分,积分可以提升用户等级,不同的用户等级会有不同的奖励,这种方法可以促进用户赚取积分。但商家需要注意与用户多互动,把握活动的频率和时长。

(4)数据分享引流。腾讯推出的微信电话本 App 就是一个数据分享引流的范例。作为一款智能通信增强软件,微信电话本可以导入微信头像、拦截骚扰信息、识别陌生号码等。

(5)好友关系链引流。开心消消乐 App 通过引入好友排名功能增强用户与好友的关系,带来了用户数量的快速增长。脉脉 App 也有类似的功能,即邀请好友帮助自己完成认证任务。

(6)赠送礼品引流。赠送礼品引流与前面提到的扫描二维码赠送小礼物不同,它针对有较高知名度并且有自己 App 的大型厂家,厂家通过将自家的吉祥物或者礼品赠送给用户的方式引流。

(7)话题营销引流。微电商运营者可以以热点时事为话题,发表相关文章的评论,借此吸引用户关注,如高考、节假日、大型促销活动等。

(8)系统联盟引流。当下各种各样的 App 都在通过各种手段努力吸引用户、留住用户。微电商运营者可以寻找符合条件的App进行系统联盟引流，达到双赢效果。

（9）付费推广引流。对微电商运营者来说，免费的引流方案可以带来流量，但见效时间较长。为了尽快达到引流效果，可以寻找合适的付费渠道，但是要注意付费推广与引流效果之间的收支平衡。

## ▶ 5.3　线下自媒体社群引流方法

线下自媒体社群引流主要以社群活动为主，如招商会议、职业培训和主题沙龙聚会，相对线上活动，线下引流的优势是成本相对低、时间短、见效快。接下来将以线下主题沙龙为例，介绍线下自媒体社群引流活动的详细流程。

### 5.3.1　选择沙龙场地

沙龙的场地指的是活动的举办地点，要考虑该活动场地的地点、规模及能够容纳多少人，再根据沙龙的调性选择一些场地，最常见的选择是咖啡屋、酒店还有创业空间孵化器。一般可以将沙龙分成小型讲座、大型讲座和圆桌讨论，它们在场地的选择上各有特点。

（1）小型讲座。该类型的沙龙虽然人数不多，但需要主持人增强现场的仪式感和对活动流程的把控，用话筒和投影仪等设备调动现场的氛围。场地需要封闭或半封闭，这样才能集中参与者的注意力。

（2）大型讲座。该类型的沙龙人数相对来说比较多，需要选择大型的会议场所以容纳足够数量的人，同时必须安排足够的工作人员维持现场的秩序。现场的投影仪和音响设备必须保证现场的需求。

（3）圆桌讨论。该类型的沙龙参与者比较少，每一个参与者都有机会发言，可以选择咖啡馆、小型教室或户外草坪。大家围坐在一起，便于集体讨论，也体现出了该类型的沙龙平等、随意的特点。

### 5.3.2　选择沙龙嘉宾及人员

在沙龙活动中，选择的嘉宾一定要在该行业具备一定的知名度和专业素质，而参会人员是有需求的。所以，组织者要按照会议的需求设定嘉宾与成员的选择标准，保证参与成员和其讨论的主题相匹配。总体来说，嘉宾的甄选要满足以下三点。

（1）有一定的专业知识。演讲或探讨的问题要能够吸引在场的人，分享的内容是干货，这样才能调动现场的氛围。

（2）要有身份地位。嘉宾在行业中要有一定的身份和地位，这样所讲的内容才能具有权威性，可以提升沙龙活动的档次。

（3）善于分享。嘉宾要谈吐得体、思路清晰，乐于通过发言或演讲为参会者带来实实在在的知识和信息。

一场线下沙龙做得再好，嘉宾演讲得再精彩，最终目的也是吸引听众参与和互动。所以，组织者在策划沙龙活动时，要考虑听众的互动性，在活动介绍中详细标明沙龙主题、主持人、嘉宾、时间、地点、报名渠道和截止日期等信息。

### 5.3.3　选择赞助商

在沙龙活动的前期策划中，除了考虑嘉宾和参与者，还需要考虑资金预算或活动相关的赞助。有些沙龙活动的资金来自企业自己的预算，也有的沙龙活动是没有资金预算的，所以就要寻找赞助商，提供资金或场地以启动该活动，这样既能够让赞助商通过该活动提升品牌的影响力，也能获得活动的经费，实现双赢。选择赞助商通常需要考虑以下两个因素。

（1）企业品牌影响力。赞助商品牌的影响力间接决定了该沙龙活动的影响力，一个具有良好品牌影响力的赞助商可以对这场沙龙活动起到良好的宣传效果。例如，沙龙的主题是互联网产品营销，赞助商是淘宝、京东等大型电商平台，同属于该行业，这样既能提升该活动的知名度，又能提升赞助商的品牌影响力，选择这样的赞助方容易实现双赢。

（2）沙龙主题与赞助商的契合度。沙龙的活动主题必须要和赞助商的品牌具有契合度，这样才能提升该活动的权威性和专业性。例如,该活动以汽车的研发为主题,所找的赞助商应属于汽车行业的不同维度,这样目标受众才一致,才能实现双赢。

一般来说,举办方可以选择 2~5 家企业作为赞助商。在活动的前期策划中,应该与赞助商签订合作的相关方案,以及对特殊情况的处理方案,以避免后期不必要的争议。

### 5.3.4 设计沙龙的引流

沙龙活动类型主要分线上活动和线下活动,它们具有不同的特点。线上活动主要以微信、抖音、微博等新媒体的形式开展,优点是时间灵活,前期成本低,同时有利于对参会成员的管理维护和后期转化,缺点是缺乏现场感和仪式感。线下活动以实际场所为会议场地,如咖啡厅、会议室、阶梯教室等,优点是流程正式,仪式感强,听众可以与嘉宾面对面交流,现场体验感强,缺点是前期准备时间较长,成本高。本节以线下活动为重点,介绍沙龙活动的引流环节。

(1)活动报名。在确定沙龙活动的主题和实施方案之后,便进行线上网络报名,报名的渠道可以是登录官网或注册会员,也可以通过创建微信群等形式进行报名。

(2)现场签到。在活动的入口要设置签到点,在签到表上对到来的嘉宾进行相关信息的收集,如姓名、电话、单位、个人邮箱等。其中,电话和个人邮箱的信息非常重要,这些信息可以方便组织者在活动之后开展后期的引流工作。现场还可以放置活动宣传海报,附上企业二维码,邀请签到者扫描二维码,并在签到桌上设置礼品区,进行扫码送礼等活动。

(3)活动期间。活动开始之前,在现场播放该活动的相关视频以及企业的宣传片,之前没有加群扫码的,可以现场再进行面对面建群,然后通过发红包的形式增强参与者的互动性和对活动的好感度,达到引流的效果。活动中途也可以进行抽奖,获胜的参与者可以获得相应的奖品,奖品中可以引用企业的 Logo 或二维码,最终起到引流的效果。

(4)后期维护。在活动结束之后,需要对参与者进行引流,通过在网上发送回访邮件、电话回访或微信回访等不同形式,让参与者对该沙龙活动进行打分或提意见。沙龙活动的主办方对活动进行后期维护既是一种引流方式,也能体现公司的品牌专业度。

# 第 6 章
## 短视频营销综合实战

**知识导读**

在制作短视频之前，只有正确选择短视频类型和明确短视频定位，才能够达到预期的宣传效果。

**学习目标**

- 明确短视频的定位
- 观察短视频的效果
- 熟知短视频的类型

## 6.1 短视频定位

运营者在制作短视频时,第一步是明确短视频定位。短视频定位以目标受众、内容策划、运营者身份等内容为主,这样才能提高短视频的曝光率,达到宣传的效果。

### 6.1.1 用户定位——提供给哪种类型的受众观看

用户定位即确定目标消费者,研究消费者的行为。用户定位首先要思考"目标用户是谁""这类人群有何特点和需求""能给该群体带来什么样的价值"等问题。根据这些问题进行市场调研,找出这类群体的画像。例如,医美行业,年轻爱美的都市群体就是主要的目标受众,年龄为18~45岁的中青年,主要在一二线城市,都市白领或在校大学生。运营者可以通过企鹅智库、艾瑞咨询等专业的数据平台进行用户定位分析,这样有利于短视频内容制作和后期进行有针对性的策划与投放。例如,抖音、今日头条可以作为短视频的线上投放渠道,城市地铁、商业购物中心、高端写字楼、高端住宅小区和大学城可以作为短视频的线下投放渠道。

### 6.1.2 内容定位——能够带来哪些重要的干货

当锁定用户目标、了解人群画像之后,运营者就可以根据该群体的特点进行短视频内容定位。短视频内容一般是以干货为主,多是技巧、案例、行业咨询、服务、收费课程、圈子等内容,只有对用户有用的干货和技巧,用户才能主动接受内容,积极点赞和转发,如果对用户没有任何实际的帮助,用户是被动观看该短视频,用户的转化率就会很低。所以在进行内容策划时,要思考三个问题:①用户有什么需求;②平台自己的特长和专业;③平台有什么样的最终目标。

以医美行业为例,爱美之心人皆有之,随着经济和行业的发展,微整形对于普通大众来说已不是遥不可及,所以运营者可以基于该受众的这一需求进行有针对性的内容创作。现在已经出现了很多关于医美的负面新闻和案例,消费者无法相信市面上的医美产品,所以运营者要为这些目标用户提供最权威、最专业、最有保障的干货,从而达到短视频平台的营销目的。

### 6.1.3 身份定位——运营者以什么样的身份进行创作

身份定位就是对创作者自身的定位,即运营者以什么样的身份和角色创作短视频内容。短视频内容的生产者要有明确的身份定位,对身份的定位不能模糊不清。创作主体要明确水平以进行定位。行业专家可以介绍所在行业的专业经验和技巧,给受众最权威的行业内部信息。体验者身份则相对真实和权威,如美妆博主以体验者的身份做美妆测评员,分享各种美妆产品。新从业人员对行业不是太了解,可以以新手的身份分享自己对产品或行业的感受,很多受众可以从新手的身上找到共鸣和相似点,得到很好的推广效果。要知道"我是谁"这个问题,既不能高高在上,又不能卑微乞求。有三种身份可以选择:行业专家、体验者和小白(新手),可以根据自身情况进行选择。

## 6.2 短视频模式

### 6.2.1 短视频——全新定义的影音结合体

近年来,短视频发展势头迅猛,其受大众欢迎的主要原因有以下几点:①在快节奏的当下满足了人们快速获取信息的需求;②短视频影音结合的表达形式更为直接,大众接受度较高,不仅有图像和声音,还不需要过多思考;③短视频因为时长短,所以视频节奏和视觉冲击更强烈,能第一时间吸引用户。短视频是集文字、图片、音乐、视频、表演等因素综合为一体的全新定义的影音结合体，为更多的品牌和产品提供了更多的植入空间。

### 6.2.2 短视频营销——非同一般的营销模式

短视频营销也是短视频推广中的重要环节，运营者要想在这个充满竞争的市场中分得一杯羹，就必须对短视频进行非同一般的营销。

（1）内容垂直。想要拍出优质的内容作品，前期需要有一个账号的垂直定位，短视频营销是社交营销的最新变种，其核心就是互动。短视频营销中，首先要找到一个能够挠到目标受众痒处的点。后续的作品需要围绕这个点逐渐延伸、展开，形成自身独特的风格；然后找准切入点，适当加入符合场景的广告软植入。

（2）热门话题。为了使作品能迅速引发人们的关注和共鸣，撰写剧本的时候就需要一个话题作为支撑，这个话题可以是社会热点事件、娱乐头条，也可以是受众切实关心的问题，然后借助短视频的丰富表现力予以呈现，将品牌、产品等进行巧妙的宣传，让作品达到迅速传播的目的。

（3）故事共鸣。所有人都不喜欢广告，但是如果让广告变成一个故事并巧妙地表达出来，就能引起用户的共鸣，这就是一个成功的广告作品。

（4）网红带货。在短视频领域，网红就是一个个产品的形象代言人，用户对网红有一种无形的信任感。有些网红在短视频领域的影响力甚至超过了一些明星。所以，好的产品经过网红的加持推荐，就会如虎添翼。

## 6.3 短视频效果

短视频相对于传统视频来说具有时长短、节奏快、互动性强、碎片化等特点。所以，运营者要基于这些特点进行短视频制作，从而发挥出更好的效果。

### 6.3.1 互动多——交流沟通赢得好感

短视频成为一种趋势和潮流，越来越多的用户加入短视频的拍摄，不仅成为短视频的制作者，更成为短视频的传播者。用户通过短视频点赞、评论和转发等功能提出对该视频的意见和建议。同时，很多短视频运营者还会对用户提出的问题进行解答，包括兴趣爱好、日常生活等分享，与用户进行积极的互动和交流，满足其好奇心，赢得好感。

### 6.3.2 成本低——传播维护简单可行

传统视频的生产与上传成本较高，不利于传播和分享。短视频则大大降低了使用门槛，即拍即传，可以快速分享至社交媒体，真正做到了随手记录生活和身边事。这种最大程度接近直播的现场播报，其成本比真正的网络视频直播低廉了许多，与微博的图文直播相比，其现场感和真实性更强。

### 6.3.3 个性化——信息内容更具创意

手机摄像技术不断升级，短视频软件提供的各种滤镜效果以及添加个性化配乐及水印等功能，都可以使用户自由表达个人想法与创意，彰显个性；通过社交短视频软件，用户还可以实现拍摄与编辑的一步到位；制作方式的便捷促使视频内容更加丰富，表现形式各种各样。

### 6.3.4 精准信息——受众接受度高

当前，快节奏的生活和高压力的工作使得多数人在日常信息获取时习惯选择自由截取，追求短平快的消费方式。短视频充分利用了人脑形成印象的最经济时间刻度作为起点，能使用户在轻松的心态中摄取信息。同时，短视频信息开门见山、观点鲜明、内容集中、指向定位强,易被受众观看、理解和接受,信息的传达度和接受度更高。

### 6.3.5 传播快——迅速转发激起兴趣

短视频传播门槛低,渠道多样,方法简单,不仅可实现内容的裂变式传播,同时可进行朋友圈层式传播,用户更可以直接在软件中分享制作的视频和观看、评论他人的视频。多方位的传播渠道和简单的传播方式使得短视频的内容呈现病毒式的扩散传播,呈现信息传播力度强、范围广、交互性强等特点。

## ▶ 6.4 各种类型,焕发短视频的夺目光彩

随着短视频的发展,短视频平台慢慢形成各种类型,焕发夺目的光彩。不同类型的短视频具有不同的特点和作用,运营者在制作时要更具有针对性。

### 6.4.1 网络视频广告——分秒必争的营销武器

网络视频兼具传统媒体和新媒体的特性,所以网络视频广告的形态也是十分多样的。网络视频广告的投放方式包括贴片广告(PC 和移动端)、植入式广告、悬浮式广告、信息流广告,可以通过这些不同的形式起到品牌介绍、品牌宣传、产品促销、增加用户触达、促进用户参与度、业务推广等作用。图 6-1 为腾讯视频 App 中麦当劳的贴片广告。

图 6-1 贴片广告

与传统的电视广告相比,网络视频广告结合了"视频"与"互联网",具有互动性强、传播速度快、目标受众明确等优势。受众可以在网络上对广告进行评论和转发,增强受众的参与和互动,进行主动的病毒式传播。同时,根据短视频平台的推荐机制,运营者可以将特定的网络视频广告推送给目标用户,增强广告的传达率和转化率。

### 6.4.2 宣传片——打造良好口碑的绝妙工具

根据网络短视频的发展情况,出现了很多现象级的宣传短视频。例如,2019 年春节前夕,电影《小猪佩奇过大年》的宣传片《啥是佩奇》一夜之间刷爆了朋友圈,这个时长 6 分钟的视频的播放量达到千万,影片以动画片角色佩奇为主线,在春节团圆时,爷爷自制佩奇作为礼物送给孙子的故事。宣传片呈现了亲情、春节回家、子孙三代沟通、空巢老人、城市与乡村、现代通信、民俗等话题,并穿插了农村留守老人的生活场景。宣传片包含各种复杂的社会议题,"佩奇"在片中是被高度"符号化"的,放大了目标人群的基数,而不只是深耕"佩奇"粉丝人群(小朋友和部分成年人),为电影的上映起到了很好的宣传效果,如图 6-2 所示。

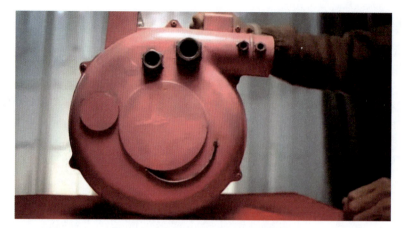

图 6-2　宣传片《啥是佩奇》截图

### 6.4.3　品牌活动视频——主题鲜明的视频内容

品牌活动视频即品牌方在开展不同的主题活动时拍摄制作的短视频，该视频具有主题鲜明、品牌宣传意识强等特点。在制作时，运营者要注意更深入地了解该品牌或产品，结合品牌的特点和品牌活动的主题，这样才能够拍摄出这个品牌特有的短视频。

### 6.4.4　系列短片——环环相扣的黏性视频

系列短片是指在主题和内容上具有一致性，可以串联起来的多个影片，即由很多集组成的短片，集与集之间是环环相扣、紧密联系的，并且可以构成一个完整的故事。系列短片可以分为两种，即系列广告和微剧集。相对而言，系列广告更具有营销优势，微剧集则偏向于讲述故事。

### 6.4.5　微电影——让人身临其境的故事情节

微电影指的是从电影和电视剧的基础上衍生出来的小型影片，具有时长短小、剧情紧凑、冲突紧张等特点。微电影的迅猛发展与受众群体的特性和新媒体短视频的发展密不可分。以 80、90、00 后为主体的年轻网民，对于微电影这类新媒体有着极强的关注度。微电影的取材一般来自生活，讲述的都是发生在大众身边的人和事，如婚恋、就业、工作、住房等，每个人都对此类题材有很深的体会。剧中人物的悲欢离合、孤寂失落常常能反映人们的迷茫、困惑、伤感和追问，代表了人们的心声，所以常常具有震撼人心的力量，特别容易引发社会的共鸣。例如，从微电影《忘念》（图 6-3）中，我们会被奶奶对孙子的思念之情打动。

图 6-3　微电影《忘念》截图

# 第 7 章
# 拍摄技巧，轻松拍出大片

////////////

### 知识导读

新手接触视频拍摄时，对拍摄技巧没有清晰的了解，对拍摄设备的认识也不够清晰。本章带领新手拍摄者认识基础的拍摄设备，从而快速掌握视频拍摄技巧，提升视频质量。本章将介绍拍摄视频所需设备、构图技巧、景别的概念及基本流程等内容。

### 学习目标

- 了解手机拍摄的技巧
- 了解单反相机的基础知识和操作技巧
- 掌握拍摄的高级技巧

## 7.1 设备

拍摄短视频必须使用硬件设备,缺少设备支持是不能实现拍摄的。拍摄者可以借助各类设备完成摄制短视频的目标,不同设备拍摄的效果是不同的,使用方法的难易程度也不同。摄制设备的选择十分重要,将直接影响作品质量。

### 7.1.1 智能手机——入门小白的必备神器

自媒体的兴盛使得每一位用户都是传播者,随时随地可以将自己喜爱的美食、美景、美颜及身边的趣事通过智能手机快速分享出去。智能手机随着功能的完善,相比单反相机或者专业摄录设备,更具有便携性和灵活性。

部分手机摄制的效果不尽人意,随着技术的日益完善,各大手机厂商不断升级换代、提升技术。目前,手机拍摄在一定条件下可以达到不错的效果。体积小巧的手机方便携带,不易干扰拍摄对象,可以得到比专业设备更"真实"的影像资料。手机拍摄的优势如下:

(1)隐蔽性强,人人都可拥有,使用手机摄制对被摄对象的影响最小;
(2)景别丰富,对焦宽容性大,拍摄快捷;
(3)流程简单,操作便捷;
(4)制作周期短,手机剪辑软件智能化程度高、功能丰富,易于使用者掌握基础的剪辑技巧;
(5)文件格式和文件大小具有优势,便于传播,可以随时上传、保存、下载、发布、交流。

手机拍摄的缺点如下:
(1)光圈、快门的调节范围较窄;
(2)没有多种镜头配件,成像质量和效果与专业设备相比存在差距;
(3)在光线比较复杂或者比较暗的情况下,高感光拍摄的颗粒感较明显,成像效果较差。

综上所述,摄制者在使用手机进行短视频拍摄的时候需更好地利用其优势,规避不足。只要掌握以下小技巧,就可以摄制出理想的作品。

(1)对焦测光:手机的对焦与测光方式十分直接,用手指在手机屏幕上点击就可以进行焦点与光比的选择。
(2)焦点:一般是指能反映画面主题的中心焦点,在手机短视频拍摄中的作用是让摄制者查看主体位置。
(3)光比:光线的明暗之比,即亮部与暗部的受光比例,是摄影用光的重要参数,在手机短视频拍摄中主要用来控制整体画面亮度对比的强弱。
(4)焦点锁定:一般手机,长按对焦框即可锁定拍摄对象的焦点。
(5)光比调节:在对手机屏幕进行对焦后,会出现一个像太阳的小图标,摄制者可以根据需要自行向上或向下滑动以调节画面亮度。
(6)横屏拍摄:双手握持手机(左右持)会使机身更加稳定,减少画面的抖动,拍摄画面比例一般为16∶9,是主流播放平台要求的视频比例(图7-1)。竖屏拍摄:双手握持手机(上下持)会使机身更加稳定,减少画面抖动,拍摄画面比例一般为9∶16。

图 7-1 手机拍摄

（7）稳定：视频摄制因为是摄录连续动作，所以首先要求摄制者在拍摄时尽量保持设备稳定（除一些需要制造出抖动的效果外）。手机整体较轻，拍摄的时候容易发生抖动，稳定是第一要求。在拍摄时可以借助其他物体，如桌子、石台、墙壁等可以倚靠的物体，拍摄更加稳定的画面。

（8）收音：因为手机拍摄者距离话筒比较近，呼吸声、风声、手与手机接触的声音在视频中都会表现出来，所以摄制者在进行手机拍摄时应尽量保持安静。

### 7.1.2　单反相机——入门人士的得力助手

数码单反相机（图 7-2）是当下自媒体团队使用最多的摄录设备，其价格在逐年下降，千元即可入手入门级别的单反相机。随着新技术的日益完善，新一代单反相机在功能上更加强大，被广泛应用到各类商业摄影中，摄像功能也被添加到了单反相机中。

摄制者要想更好地运用单反相机进行短视频的拍摄，就需要了解单反相机的基础知识和操作技巧，使用单反相机进行视频录制主要有以下几方面的优势：

（1）机身轻便；
（2）价格便宜；
（3）画质等方面更加专业。

影响单反画质的因素主要体现在以下几点。

（1）感光元件：感光元件的大小、尺寸直接影响着画面成像质量。越专业的数码相机，其 CCD/CMOS 的感光元件尺寸越大（图 7-3）。

图 7-2　单反相机

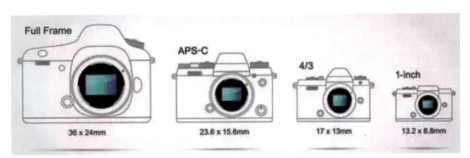

图 7-3　主流相机传感器大小对比

（2）分辨率的调整：决定画面是清晰还是更加清晰。拍摄之前要对相机分辨率进行选择，对不同拍摄环境、拍摄要求、硬件等方面进行考虑。原则上使用更大的清晰度进行拍摄的效果更好（如使用 4K 视频分辨率进行拍摄，后期进行压缩会变成高清效果）。

（3）帧率的选择：决定画面是流畅还是更流畅。帧率是指每秒刷新图片的帧数，通常描述为每秒帧数（FPS），指每秒显示的静止帧数（图 7-4）。24FPS 被视为电影帧率的标准；30FPS 广泛应用于北美洲、日本、南亚，称为 NTSC 指式；25FPS 是欧洲、中国的广播电视级标准，称为 PAL（图 7-5）。

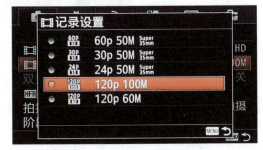

图 7-4　单反相机的帧率选择

图 7-5　高帧率升格拍摄

### 7.1.3 摄像机——专业设备拍出高水平

摄像机是大型视频团队或者电视节目录制时都会使用到的。摄像机在视频效果和画面质感上表现得比单反相机更优秀。

不过,在使用摄像机进行拍摄时,其操作难度也会更加复杂。因为是更加专业的拍摄,所以在使用摄像机进行拍摄时,需要用到的辅助工具也更多。下面介绍一些摄像机优先考虑的辅助工具。

三脚架:拍摄的视频是连续的画面,所以对于稳定的要求较高,三脚架最大的特点就是"稳",所以三脚架是摄制者优先考虑的辅助工具。一款好用的三脚架对于摄制者使用摄像机进行录制起到了关键作用(图7-6)。

在做好基本准备工作后,下面介绍利用摄像机拍摄视频的步骤:

(1)熟悉摄像机,了解最基本的操作技巧;
(2)选择一个合适的滤色片,以适应不同的拍摄环境;
(3)调整黑白平衡,确保色彩的准确还原;
(4)调整焦距,确定焦点,使拍摄的主体图像清晰。

图7-6　常规的摄像机三脚架

### 7.1.4 麦克风——动听音质引众人尖叫

视频是综合的视听感受,要想达到理想效果,除了在画面、内容上下功夫外,对于声音的处理也要认真对待。声音主要体现在两方面:一是在后期剪辑的过程中添加的背景音乐、特殊音效的声音;二是摄制者现场录制的声音(包括直播间声录制)。

第二种情况,即现场录制的声音需要重点阐述。

拍摄设备基本可以实现在录制画面的同时录制声音。声音质量是十分重要的,一款适合摄制者的麦克风直接关系到作品质量的高低,所以选择好了合适的录制设备后,应认真对待麦克风的选择(包括收音话筒,图7-7~图7-9)。

麦克风的选择应注意以下几点:①音质明亮清晰;②灵敏度高,反应快,支持拍摄设备,操作不应过于复杂。

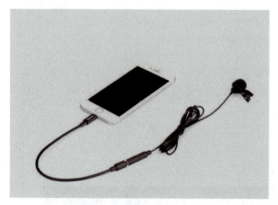

图7-7　便携有线麦克风

图7-8　挑杆收音麦克风

图7-9　无线小蜜蜂收音话筒

### 7.1.5 稳定器——瞬间提升摄制画面质量

面对不同的拍摄场地和拍摄对象,摄制者拍摄时单纯使用三脚架实现稳定是不够的,尤其是在摄制动态画面的时候,单纯使用三脚架力不从心,稳定器的出现很好地解决了这个问题。

稳定器也被称为斯坦尼康,斯坦尼康(图7-10)是稳定器的鼻祖,一般在专业的电影录制中使用,因为电影制作对于画面的稳定性要求较高，一丝抖动在大屏幕上都显示得非常清楚，所以为了保证在运动过程中得到稳定的画面，就出现了斯坦尼康。斯坦尼康庞大的体积和高昂的价格更适合专业团队和专业的电影拍摄者，随着科技发展和短视频时代的崛起，便携小巧的稳定器出现了，并以价格适中、操作简便、体积小巧得到了广泛认可。稳定器的选择方式如下。

（1）根据设备型号选择稳定器：手机、单反相机都有专属稳定器，摄制者可根据自身常用的拍摄设备进行选择（图 7-11，图 7-12）。

（2）根据预算选择稳定器：目前市面上稳定器的品牌多，价格区间大，从几百元到几千元的都有。

（3）推荐几款实用型稳定器的品牌：大疆、智云、飞宇。

图 7-10　斯坦尼康　　　　图 7-11　单反相机稳定器　　　　图 7-12　手机稳定器

稳定器除了可以保证拍摄的画面稳定外，还为摄制者打造了多种有趣的玩法，比如追踪延时效果和轨迹延时效果。

## ▶ 7.2　构图——凸显画面的最佳美感

视频录制与拍摄图片有许多相似之处，都需要对画面中的主体进行合适的布局，使得主题更加明确，画面更具视觉冲击力，这就是构图概念。在日常拍摄中，摄制者要经常总结，使用多种布局方法可以更准确地提升画面质量和美感。拍摄之前，应该注意以下三个问题：

（1）通过拍摄得到的画面所表达的主题；
（2）主题与观众注意力；
（3）简化的画面与主题和内容的关系。

### 7.2.1　九宫格构图——均衡画面，自然生动

九宫格构图又称井字形构图，是一种常见的构图方法，将主体安排在"九宫格"交叉点的位置上，一般认为右上方的交点最为理想，其次为右下方。这种构图方式符合人们的视觉习惯，使主体自然成为视觉中心，具有突出主体并使画面趋向均衡的特点。

利用九宫格拍摄视频，可以将视频拍摄的主体放置在让观众心动的位置上，在优化视频空间感的同时，还可以突出被摄主体。九宫格构图是十分实用的构图方法，如图 7-13 和图 7-14 所示。

图7-13 九宫格构图（1）

图7-14 九宫格构图（2）

### 7.2.2 平衡式构图——动态的平衡

平衡式构图是指画面中轴线两边的景物处于对应或者平衡状态，画面结构比较完整，给人以满足的感觉。对于拍摄物体，需要多个物体出现在画面中，构图物体间可以相互均衡，通常为两个物体，也可以有更多的物体出现在画面中。

平衡式构图的最大优点是可以在非对称的物体或结构中营造出稳定画面，通过画面结构的巧妙安排，使静止画面产生动态的错觉，在不对称中达到画面平衡、和谐、对应的效果，强调结构完整和画面整体效果，如图7-15和图7-16所示。

图7-15 平衡式构图（1）

图7-16 平衡式构图（2）

### 7.2.3 引导线构图——利用线条突出主体

引导线构图是一种非常经典的构图方式，它利用画面中的线条引导观众的视线，使观众可以更加自然、准确地看到画面主体，从而不会迷失在其他细节中。

引导线构图的使用也非常灵活，画面中的线条可以是直线、曲线，也可以采用延伸、交叉等方式进行布局，如图7-17至图7-19所示。

图 7-17　引导线构图（1）　　　图 7-18　引导线构图（2）　　　图 7-19　引导线构图（3）

### 7.2.4　垂直式构图——强化纵深感

垂直式构图能充分展示景物的高大和纵深，常用于表现万木争荣的森林、参天大树、险峻的山石、飞泻的瀑布、摩天大楼等，以及竖直线形组成的其他画面。

垂直式构图常用于表现大景，以增强视频画面的纵深感、立体感。在摄制中，对象的垂直很重要，不要歪、不能斜；注意画面中物体的位置，不让画面产生偏倚；注意画面的统一性和平衡感，使画面中的景物组成整体，继而利用景物的高大体现画面纵深，垂直线条更能体现高度，给人们带来静穆、庄严的秩序感和稳定感，展现被摄主体大气磅礴的气势。

### 7.2.5　变化式构图——空间感、立体感强

变化式构图是指摄制者故意将主体安排在角落或一边，给人以思考和退想的空间，留下进一步判断的余地。这种构图富于韵味和情趣，常用于山水小景、体育运动、艺术摄影、幽默照片等。

变化式构图在拍摄视频时起到延伸效果，利用画面中的透视关系增强空间感，给人思考和退想的空间，同时加强了整体画面的立体感，画面中近大远小的事物组成线条或者本身具有的线条更能使观众沿着线条指向的方向去看，将拍摄的主体置于生动的画面中。

### 7.2.6　交叉线构图——引导视线到交叉中心

拍摄画面呈交叉线结构，景物交叉点可在画面内，也可在画面外。前者类似十字形构图，后者类似斜线构图，充分利用画面空间，把视线引向交叉中心，也可引向画面外，具有活泼、轻松、舒展、含蓄的特点。

交叉线构图在拍摄视频时可以起到加强纵深感，让画面更具韵味的作用。

## ▶ 7.3　操作技巧——让拍摄变得更简单的秘诀

### 7.3.1　视角

平视也称平角镜头，是指以拍摄者正常视线（人眼等高的位置）为基准而拍摄的镜头，它模拟人的常规视野，

透视正常，构图平稳，呈现鲜明的客观性特征。平视镜头中，地平线基本居于画面中央，起分割画面的构图作用，水平状的物体，线条被淡化；而垂直状的形体，线条则得到加强。另外，由于是平视角度，镜头整体的空间透视效果较暗淡，无法充分表现丰富的层次感。对于叙事而言，平视镜头也许是最中性、最冷静、最常见的镜头；对于写意而言，平视镜头则因为太过正常而缺乏戏剧色彩，如图 7-20 至图 7-22 所示。

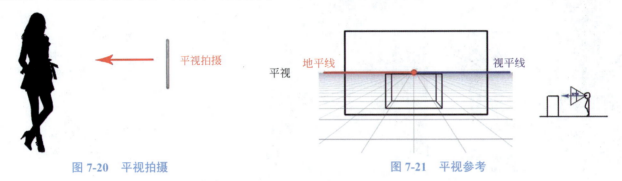

图 7-20　平视拍摄　　　　　　　　　　图 7-21　平视参考

图 7-22　平视拍摄案例《末代皇帝》

仰视也称仰角镜头，是指高于水平角度向上拍摄的镜头，属于非常规镜头。人们运用仰视镜头通常基于两种考虑：一是务实，仰角代表人物的实际空间位置或视点；二是务虚，主要暗示或表达拍摄对象的高大、强势、神圣等象征性含义，如图 7-23 和图 7-24 所示。

图 7-23　仰视拍摄　　　　　　　　　　图 7-24　仰视拍摄案例《花火》

俯视也称俯角镜头，是指低于水平角度向下拍摄的镜头，属于非常规镜头。人们运用俯视镜头也通常基于两种考虑：一是务实，俯角代表人物的实际空间位置或视点；二是务虚，主要暗示或表达拍摄对象的渺小、卑微、脆弱、俗气等象征性含义，如图 7-25 和图 7-26 所示。

图 7-25　俯视拍摄

图 7-26　俯视拍摄案例《银翼杀手 2049》

### 7.3.2　角度

正面是平视镜头中最具有生活真实感的镜头，再现色彩强烈。正面平视带来了构图上鲜明的对称性，造就出平和、中正、庄重的形式美，如图 7-27 和图 7-28 所示。

侧面在一定程度上避免了四平八稳摄制的呆板和中规中矩的对称，显示出灵活性和极强的方向感；而与背面镜头相比，侧面镜头又摆脱了背面镜头刻意的造型性及由此带来的强烈表现色彩，显得更加自然、随意，富有日常生活化的气息，如图 7-29 和图 7-30 所示。

图 7-27　正面角度（1）

图 7-28　正面角度（2）

图 7-29　侧面角度（45°）

背面镜头在形式上与正面镜头相反。正面镜头具有直白再现的特点，而背面镜头则多少带有神秘、含蓄和表现性色彩。一方面是因为主体与观众交流的间接性，人物的背影本身就具有不可知的神秘感；另一方面是由于背面镜头中具有纵深构图的形式。背面角度中人物视线或运动方向大致都朝向纵深处，这就在客观上诱导观众将视线焦点落在了景深上，使镜头渗透出含蓄悠远的韵味，如图 7-31 所示。

图 7-30　侧面角度（90°）

图 7-31　背面角度《艾利之书》

### 7.3.3 景别

远景镜头包含大远景和远景两种镜头形式。

大远景特指被摄主体与画面高度之比约为 1∶4 的构图形式，被摄主体处于画面空间的远处，与镜头中包含的其他环境因素相比极其渺小，甚至主体会被前景对象遮挡或短暂淹没，但这并不意味着主体丧失了表现力。通过调度主体与环境的色阶、明暗关系或动静态势，通过画面构图形式中点、线、面的关系安排、虚实对照或透视变化等方法，主体依然会成为鲜明的视觉焦点，如图 7-32 和图 7-33 所示。

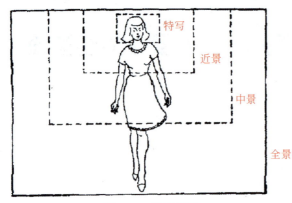

图 7-32　景别说明

图 7-33　大远景

大远景主要承担提供空间背景、暗示空间环境与主体间关系，以及写景抒情、营造特定气氛或气势等的作用。远景与大远景并无本质差别，主体与环境关系的处理方法也大致类似，不同在于主体在画面中所占比例有了一定提高，大致呈现为 1∶2 的高度关系，主体与画面环境之间的平衡关系也因比例的变化而发生了相应的改变，即主体的视觉形象得到了形式上的强化。如果说大远景的环境具有独立性，那么远景强调的就是环境与人物主体的相关性、依存性；如果说大远景中人物主体只是画面的构成元素之一，那么远景中的人物则是画面构成的主导因素，所以远景通常要求展示人物的动作方向、行为和位移活动等，相对突出的是具体性、叙事性等功能，如图 7-34 所示。

全景是指能够摄入人物全身的镜头。全景镜头同样分为大全景和全景两种。

从主体与画面的大小比例来看，大全景中人物主体大约占画面 3/4 的高度，全景中人物与画面的高度比例几乎相等。从画面的整体视觉效果看，大全景中的人物与景物平分秋色。景物主要是为人物动作提供具体可及的活动空间，人物动作占镜头的中心地位，而且表现得更为具体、清晰，如图 7-35 所示。

图 7-34　远景

图 7-35　大全景《疯狂的麦克斯：狂暴之路》

因为全景是人物完整的全身镜头，所以，人物是画面的绝对中心，有限的环境空间完全是一种造型的必要背景和补充。全景镜头着力展示人物的完整形象、形体动作及动作范围，展示人物和空间环境的具体关系，如图 7-36 所示。

中景是指人物超过半身（膝盖以上）的镜头，这里指画面中的主体物的半身。

图 7-36　全景《穿越大吉岭》

　　从画面表现内容看，中景镜头着力展示人物上肢的动作情形、人物一般性情绪交流、人物与人物关系等；环境是局部性的，而且居于次要地位，大多处于画面后景部分。当人物与环境区分度不够明了时，环境时常置于焦点以外，做虚化处理。在中景镜头中，空间和整体被淡化，动作和情节被加强，体现出中景镜头叙事性的本质特征。如果把中景镜头与全景镜头做比较，则中景倾向于"描写"，而全景突出的是"叙述"，如图 7-37 所示。

　　近景是指人物的半身（胸部以上）镜头，这里指画面中主体物的一小部分。

　　由于人像占据了大部分画面，因此环境变得零碎、模糊，观众可以看清人物的面部表现，更容易介入人物的感情世界，如图 7-38 所示。

　　特写是指被摄体的面部或人物、物体某个局部的镜头，这里指画面中主体物的局部细节。

图 7-37　中景《这个杀手不太冷》　　　　　　　　　图 7-38　近景《闪灵》

　　特写基本排除了环境因素，迫使观众注意人物或物体的细节问题。巴拉兹说："特写镜头是电影最独具特色的表现手段，它展示了这门新兴艺术的一个特点。特写镜头是'小生活'。细枝末节和某些瞬间的'小生活'构成了大生活。""电影的特写镜头是突出细节的艺术，它无声地展现了重要的、本质的事物——不仅描写，而且也评价。"从画面结构形态看，特写是人物头肩部的镜头，大特写则完全是人物或景物的某一局部或细部的画面。两者都彻底虚化了环境空间，具有抒情性或情绪性效果。大特写在视觉上更具强制性、造型性，产生的表现力和冲击力也更强。特写镜头由于注重细节而忽视了总体特征，因此不可多用，如图 7-39 和图 7-40 所示。

图 7-39　特写《勇敢的心》　　　　　　　　　图 7-40　大特写《看不见的客人》

## 7.4 两大技巧，实战中不可不知的秘诀

在拍摄视频时，拥有合适的拍摄设备并掌握基础的操作技巧后，要注意如何使用设备，以及如何应对拍摄时可能遇见的各种问题，如不同的环境、场景、拍摄对象等。没有细致的心思和善于思考的大脑是无法摄制成功的，因此拍摄视频不仅要"能拍"，同时要思考"如何拍""拍什么"。

本节将对视频拍摄中的小窍门、小秘诀进行总结和归纳，以便摄制者在拍摄过程中有所感悟，快速提升拍摄水平。

### 7.4.1 巧借设备——快速拍出优质画面

多数摄制者都是通过智能手机的摄录功能初次接触视频拍摄的，还有的摄制者直接把手机作为视频拍摄的首选设备。结合前部分知识内容，在拍摄时，应充分发挥优势，回避不足。很多摄制者在拍摄中发现，即使用同一款手机拍摄，呈现的效果也有很大差别，其原因可能就是画面的抖动。拍摄过程中，由于自身或者跟随拍摄对象的运动，摄制者仅依靠双手为设备做支撑难保画面的稳定性，这时借助视频拍摄的稳定工具就可以快速提升所拍视频的质量。以下是几款入门级设备。

**1. 手机视频稳定器——瞬间提高视频质量**

在使用手机拍摄运动视频时，拍摄者利用专业手机视频稳定器来防止出现手机晃动所导致的视频模糊情况，就可以顺利进行手机视频拍摄并确保视频画面的质量。

手机视频稳定器一般指手持云台，将云台的自动稳定系统应用在手机视频拍摄中，就能自动根据视频拍摄者的运动调整手机方向，使手机一直保持在平稳状态，无论视频拍摄者在拍摄期间如何运动，手持云台都能保证手机的稳定。

手持云台质量较轻，女士也能轻松驾驭。可以一边充电一边使用，续航时间较长，具有自动追踪和蓝牙功能，即拍即传。部分手持云台可以通过软件连接其他智能设备，操作便捷，如图 7-41 所示。

图 7-41　主流的几款手机视频稳定器

**2. 手机支架——手机拍摄的必备品**

手机支架可以将手机固定在某一个地方，从而在解放双手的同时保证手机在拍摄期间的稳定。手机支架在价格上相对于手持云台低很多，一般十几元或几十元就能买一个，对于想买稳定器但是又担心价格太贵的摄制者而言是一个好的选择。

使用手机支架拍摄视频时，因为支架被固定在某一个地方，会使拍摄主体的运动范围较小。如果拍摄主体的运动范围较大，超出了手机镜头的覆盖范围，就不适合使用手机支架。手机支架多用于主体小范围运动的拍摄，如图 7-42 和图 7-43 所示。

手机三脚架的作用等同于摄像机三脚架，在操作上稍有不同。在视频拍摄中手机三脚架能良好地保证手机的稳定。大部分手机三脚架具有蓝牙功能和无线遥控功能，可以解放拍摄者的双手，实现远距离实时操控。手机三脚架

可以自由伸缩，满足某区间内不同高度环境下的视频拍摄。在价格方面，手机三脚架比摄像机三脚架和手持云台低廉，比手机支架要高一些，如图 7-44 所示。

图 7-42　手机支架（1）　　　　　图 7-43　手机支架（2）　　　　　图 7-44　手机三脚架

### 7.4.2　对象选择——拍出短视频的中心

视频的拍摄除了要清晰地展现视频拍摄的主体以外，还要明确体现视频想要表达的主题。有中心思想的视频往往才有灵魂，纵观经典影片，每一部都是因为有灵魂才使其历久弥新，这正体现了视频拍摄主题的重要性。

要想表达视频的中心思想，就需要视频呈现良好的画面，而要呈现良好的画面，就必须将视频拍摄的主体拍摄好，只有对主体有清晰展现，才能保证更清晰地表达与传递视频中心思想。

#### 1. 拍摄主体的选择——轻松展现主题

所谓主体，是指视频所要表现的主题对象，是反映视频内容与主题的主要载体，也是视频画面的重心或中心。在视频拍摄中，主体的选择十分重要，关系到拍摄者想要表达的中心思想能否被准确且正确表达。一般来说，更好地展现视频拍摄主体的方法主要有以下两种。第一种是直接展现视频拍摄的主体。在视频拍摄时，直接将想要展现的拍摄主体放在视频画面最突出的位置，如图 7-45 所示。第二种是间接展现视频拍摄主体，通过渲染其他事物来表现视频拍摄主体，主体不一定占据视频画面中很大的面积，但要突出并占据画面中的关键位置，如图 7-46 所示。

图 7-45　主体（1）　　　　　　　　　　　　图 7-46　主体（2）

拍摄者想要展现的中心思想要通过视频拍摄的主体来表达，这就要求视频画面的主体必须被准确展现，将其放置在视频画面中的突出位置，才能引起观者的注意，起到表达主题的作用。

在展现视频拍摄主体时，采用直接展现的方法，一般使用比较多的构图方式是主体构图或中心构图，即拍摄的视频主体充满视频画面，或者将其放在视频画面的中间位置，让画面的主体占据较大面积，使用明暗对比或色彩对比衬托主体。如果拍摄者想要间接展现视频拍摄主体，则一般采用九宫格构图或三分线构图的方式进行摄制，将主体放在偏离视频画面中心或十分突出的位置。

2. 拍摄陪衬的选择——侧面烘托中心

陪衬也就是视频拍摄中的陪体部分，是指在视频画面中对拍摄主体起到突出与烘托作用的对象。在视频拍摄中，主体与陪体相辅相成，相互作用，使得视频画面层次更加丰富，也使视频的主题随着主体与陪体的相互作用而不断增加。

大多时候，视频画面中出现的陪体往往不可或缺，一旦陪体被去掉，视频画面的层次感就会降低，与此同时，视频想要表达的主题也就随之减少甚至消失。这说明在视频拍摄中，一旦出现了陪体，那么其作用就不可小觑，如图 7-47 所示。

在进行视频拍摄时，如果准备在视频画面中加入陪体，就要注意陪体所占的视频画面的面积不可大于视频主体。要合理调整主体与陪体之间的位置关系和色彩搭配，不可"反客为主"，使视频主体失去主导地位。

3. 拍摄环境的选择——整体突出主体

在视频拍摄中所说的拍摄环境，严格意义上来讲与视频拍摄的陪体非常类似，主要是在视频中对视频拍摄主体起到说明作用。拍摄环境有前景和背景两种形式，主要是对视频拍摄主体进行解释、烘托和加强，也可以在很大程度上加强观众对视频主体的理解，让视频的主体更加清晰明确。

拍摄环境几乎是大多数视频都离不开的重要部分。一般来说，如果只是单单对视频拍摄主体进行展示，则很难对中心思想进行表达；只有加上环境，才能让观众看清视频拍摄主体，更容易理解拍摄者想要表达的思想与情感。

对于视频拍摄中的环境选择，下面从前景与背景两方面做分析。前景是指在拍摄视频时位于视频拍摄主体前方或者靠近镜头的景物，前景在视频展示中起到增强视频画面纵深感和丰富视频画面层次的作用，如图 7-48 所示。

图 7-47　陪体

图 7-48　前景

背景是指位于视频拍摄主体背后的景物，可以让拍摄主体的存在更加和谐、自然，同时对视频拍摄主体所处的环境、位置、时间等进行说明，以更好地突出主体，营造视频画面的气氛，如图 7-49 所示。

4. 拍摄时间的选择——及时抓住时机

对于视频拍摄来说，拍摄时机很重要。一方面，世间万物都有其自身的时节，一旦错过了，就不得不等到下一次。

例如，想要拍摄荷花，就必须夏天拍摄；想要拍摄露珠，就必须清晨或傍晚拍摄。同时，在对同一个对象进行拍摄时，要合理利用不同的时间段，选择合适的光位进行拍摄，如图 7-50 所示。

图 7-49 背景

图 7-50 利用雨后天空的间隙拍摄（玻璃的反射）

## 7.5 五个步骤，让短视频拍摄成为小菜一碟

通过以上知识内容，我们学习了设备、构图、摄制效果，下面还需要了解拍摄视频的流程。

### 7.5.1 团队组建——关于"人"的选择

首先需要的是摄制者，即组建拍摄团队。第一步的重点是"人"，组建一个短视频的拍摄团队不是一件容易的事，在组建团队之前，需要提出以下几个问题：

（1）哪些人符合所需；

（2）如何寻找这些人；

（3）如何确定分工。

视频拍摄团队的人员需求是根据工作的内容决定的，团队主要包括策划、拍摄、表演、剪辑、包装及运营等。例如，拍摄的短视频内容为美食垂直类，每周计划推出三集内容，每集时长为 1~2 分钟，则 2~3 位工作人员即可，分别负责编导、拍摄剪辑、运营等岗位。

第二个问题，如何寻找这些人。

编导，是团队的负责人，决定了短视频的发展方向。从团队起步阶段，编导就要控制好项目的大方向，策划出一系列内容、定位、领域。结合短视频数据分析，策划出落地的方案，指导团队持续创作优质内容。

拍摄剪辑。想要将创作的文字通过视频画面的方式呈现出来，就需要拍摄剪辑参与，通过基础拍摄技巧，研究新特效或者风格来提升技术水平和速度，为团队提供更好的技术支持。

运营。一个专业的短视频团队，除了有编导的引领，还必须配置一名业务过硬的运营人员。运营一定要具备敏锐的网感，把握平台调性，准确把握推荐机制、盈利方式、热点爆点。一位合格的运营人员要做好文案创作和表演，创作出优质的内容，做好推广工作，运营人员的工作内容决定了账号内容的优劣、粉丝的黏性，所以至关重要。

第三个问题是如何确定分工。虽然短视频属于新兴行业，专属的从业人员相对较少，但视频行业由来已久，有大量的从业人员。这些人员在经过短暂的针对性强化后，就可以从事短视频类工作。遵循相应的流程，就可以招聘到合适的员工。

### 7.5.2 剧本策划——有关"内容"的打造

短视频内容的核心即"思想指导行为"。要想打造一个优质的短视频IP，首先要做的就是进行IP的定位。"内容"就是核心，无论是短视频还是文字、图片，实质上都是以内容为重的。

策划剧本就像写小说，要有主题思想、开头、中间及结尾，情节的设计就是让文字展现更好看、更跌宕。剧本也是一样。

（1）开头：开场画面、人物铺垫、确立主题、对立发展、承接开始。
（2）过程：承接结束、故事发展、重要转变、危险逼近、深渊时刻、灵魂抉择、故事高潮。
（3）结局：大结局、主题升华。

短视频编剧除了要在故事情节内容上多思考外，在台词、角色等方面也要多斟酌。

台词设计要合理，并和角色的定位切合。短视频因为时间较短，所以在剧情设计中，台词的设计安排要更具爆发力和明确性。

### 7.5.3 视频拍摄——正式"开拍"重实践

这一步是在完成了准备工作后展开的，根据剧本的内容方向进行。重点在于"拍"，在整个视频工作流程中属于执行阶段。并不是拿着策划好的剧本就可以开始拍摄了，在开始拍摄前还要做好相关的准备工作。如果有拍外景的情况，要提前对拍摄地点进行勘察，要提前查看天气是否符合剧本的拍摄要求。因为视频拍摄需要团队协作，所以提前做好以下准备工作是非常有必要的：

（1）制定好拍摄计划并对拍摄时间进行合理安排；
（2）确定好拍摄场景并提前准备好相关道具；
（3）根据拍摄的客观条件来调整剧本中的相关内容。

拍摄短视频是需要完备条件的，设备、人员、内容三者缺一不可。

（1）设备：拍摄的工具及辅助工具，如智能手机、单反相机等。
（2）人员：演员、拍摄人员及相关的工作人员等。
（3）内容：文学剧本，包括台词和人物定位等。

以上是团队工作中非常重要的环节，决定了摄制者能否准确地将文字转化成视频画面。这个环节的工作量比较大，即使是自导自演的低门槛短视频，也要耗费巨大的心血，因为它是将想法付诸实践的第一步。

### 7.5.4 剪辑包装——后期制作显"光彩"

在视频基本制作完成以后，就要进入后期制作环节了。这一步的重点在于"包装"，剪辑包装能快速引起他人注意。

对于视频而言，剪辑是不可缺少的重要制作环节。后期剪辑中，需要注意的是素材之间的关联性，如镜头运动的关联、场景之间的关联、逻辑的关联及时间的关联等。对短视频进行剪辑包装时，仅保证素材之间有较强的关联性是不够的，其他方面的点缀也不可缺少。

（1）音乐：添加背景音乐或者适当的环境音，有利于渲染视频的氛围。
（2）特效：让画面变得更具趣味性，从而吸引观众的目光。
（3）字幕：帮助观众理解视频内容，突出重点内容，并完善视觉体验。

剪辑本身也是一门有趣的技术，短视频工作者利用闲时多接触，就会发现剪辑对视频质量的提高。

### 7.5.5　上传发布——与人"分享"的快乐

短视频包装完毕后，就要大放光彩了，这也是制作的最后一步——上传发布，即分享。作品只是完成了，没有让更多人知晓，就没有达到真正意义上的成功。与他人分享，才能知道作品有没有达到理想的效果。

短视频的上传和发布比较简单，渠道、平台多且广，手机拍摄的视频的上传和发布更加便捷，按照操作指示就可以发布成功。

发布视频作品时，需要对各大视频平台进行简单分析，如观看人群、年龄分布等观众画像，再根据视频内容分主次进行发布，这样才能让视频内容得到更快、更有效的传播。

# 第 8 章
# 手机平台，玩转短视频拍摄

## 知识导读

目前短视频活跃在多种社交平台上，人们频繁使用的微信、微博、快手等，其中都有大量短视频的使用，可以得出结论，移动端的短视频在制作中是很重要的。手机给人们带来的不仅是照片摄制功能，还可以进行视频拍摄，并且具有编辑功能。目前，播放平台上借用各类制作工具通过手机发布短视频，使短视频的传播范围越来越广泛。

## 学习目标

- 了解手机的六个热门应用
- 学习五种手机拍摄技巧

## 8.1　六个热门应用，助力短视频拍摄更上一层楼

通过手机进行短视频摄制，就会联想到手机上所有的 App 功能，这些 App 不仅提供拍摄短视频的平台且各具特色，更让短视频的摄制简单可行、花样百出。以下将介绍几款热门 App，借助 App，让短视频摄制效果更精彩。

### 8.1.1　美拍——多种选择，简单可行

美拍自问世以来，在很多相关的软件排行榜上均名列榜首，被下载 6284 万余次（应用商店数据显示），如图 8-1 所示。

#### 1. 特色

美拍的特色：微博平台中话题阅读量最多，"全民社会摇"广场活动参与用户最多，"扭秧歌"春节拜年活动用户规模最大。美拍主打的"美拍＋短视频＋直播＋社区平台"是另一个特色。从拍摄短视频到分享，形成了一条生态链，这足以使美拍用户积蓄粉丝量，成就一种营销的方式。

#### 2. 功能

美拍有以下几个功能。

（1）视频导入：美拍除了可以拍摄手机短视频外，还可以导入手机里的其他软件拍摄的短视频，再进行编辑。

图 8-1　美拍

（2）拍摄调整：拍摄调整包含"美颜""延时拍摄""音乐"画符及"闪光灯"等功能。摄制者在拍视频前，对相应的选项进行适当调整即可达到理想的摄制效果。

（3）滤镜更换：众多风格不一的滤镜可让视频"秒换装"，达到有趣的视频效果。

（4）魔法美拍：可自拍，也可拍摄其他事物，使用各种表情贴图，使视频拍摄更加有趣。

（5）直播功能：美拍直播功能十分强大。在线美颜直播中能与粉丝产生互动，礼物环节使用户与主播产生双向互动。

（6）调整摄像头：可以将摄像头调整为前置摄像头或后置摄像头。

（7）拍摄按钮：使用者点击即可进行短视频的拍摄，操作简单。

（8）素材参考：美拍拥有"灵感库"，可以辅助拍摄题材的选择。

特别提醒：美拍主打直播和拍摄，虽然对拍摄视频的时长做出了相应的改变，但用户还是有所限制，用户不能自定义视频拍摄时长。在使用美拍摄制视频时，应注意对视频拍摄时间的把握。

### 8.1.2　Faceu 激萌——表情自拍、百变精灵

Faceu 激萌是一款由脸萌团队发布的集图片自拍与短视频自拍为一体的拍摄软件，主打表情自拍，包括表情图片自拍和表情视频自拍两种形式，可以对用户脸部进行表情变形，达到新奇和有趣的自拍效果，如图 8-2 所示。

#### 1. 特色

Faceu 激萌被称为"卖萌神器"，最大的特色是表情画的自拍，内含多款动态表情，猫咪表情是"萌中圣品"，如图 8-3 所示。Faceu 激萌的主要目的是让用户用新的"世界"重新审视"萌萌哒"的自己，展示自己。

#### 2. 功能

Faceu 激萌主打表情自拍，如图 8-4 所示。

（1）拍摄设置：有"触屏拍摄""延时拍摄""闪光灯""相机设置"等功能。

（2）图像导入：包含图片导入与视频导入两种，可以将不是由 Faceu 激萌拍摄的图片素材与视频素材导入 Faceu 激萌中使用。

（3）表情添加：为图像或者视频添加动态表情贴纸。
（4）视频拍摄：通过点击按钮操作就可以进行视频拍摄。
（5）调整摄像头：将摄像头调整为前置摄像头或者后置摄像头。
（6）滤镜添加：为视频或图像的拍摄添加实时滤镜，转换各种风格。
（7）表情包制作：可以自行制作表情包，具有很强的参与性与趣味性。
（8）社区交流：用户可以在 Faceu 激萌中与好友进行聊天互动，结识"志同道合"的朋友。

特别提醒：拍摄者在使用 Faceu 激萌拍摄视频时，要特别注意软件本身对时长进行了限定，要避免因时长问题而无法达到预期效果。

图 8-2　Faceu 激萌

图 8-3　Faceu 激萌案例

图 8-4　Faceu 激萌软件展示

### 8.1.3　抖音——专注于音乐、动感节奏

抖音是一款由北京微播视界科技有限公司开发的专注于 15 秒音乐短视频的拍摄软件。

对比其他短视频拍摄软件而言，抖音犹如一股清流，抛弃了传统的短视频拍摄，转而专注音乐短视频摄制，是用音乐、画面结合的展示软件。抖音中的视频音乐节奏感明朗强烈，让追求个性和自我的用户争相追捧，如图 8-5 所示。

图 8-5　抖音

1. 特色

抖音在视频的呈现方式上拥有亮点且另辟蹊径，以音乐为主题进行视频拍摄，是最大的亮点。

2. 功能

抖音是一款用音乐作为辅助以摄制视频的软件。抖音具有以下几个功能。

（1）上传视频：将已经摄制好的视频上传到抖音平台。

（2）选择音乐：可录制与音乐相匹配的视频。

（3）音乐分类：将音乐类型进行系统性划分，以便不同喜好的用户选择喜欢的音乐类型进行视频摄制。

（4）热门音乐：摄制时可下载流行度高、传唱度高的音乐。

（5）拍摄：选择音乐后可以直接进行拍摄，操作简单。不想选择音乐时，也可直接进入拍摄界面进行摄制。

（6）收藏音乐：用户可以将喜欢的音乐收藏，日后拍摄视频可以直接从"我的收藏"中选择。

（7）本地音乐：可以使用用户手机中已有的音乐。

特别提醒：抖音主打音乐短视频，类型过于固定，局限于音乐短视频的类型。用户拍摄音乐视频作品外的其他类型视频时，就会显示出明显不足。

### 8.1.4　火山小视频——多种特效、量身打造

火山小视频是由北京微播视界科技有限公司发布的一款主打 15 秒短视频拍摄的手机视频软件。

火山小视频在应用下载商店中十分受欢迎，以视频拍摄和视频分享为主，如图 8-6 所示。

1. 特色

火山小视频是 2017 年热度较高的一款短视频拍摄软件，最大的特点是制作 15 秒的短视频，提供了超多滤镜特效以打造视频效果，可以随时随地进行视频拍摄。进行美颜直播的同时，可以与粉丝零距离互动，直播礼物是独家拥有的。此外，火山小视频还能根据用户习惯为用户量身推荐相关视频。

2. 功能

火山小视频主打视频拍摄，主要有以下几种功能。

（1）背景音乐：为视频添加背景音乐。

（2）表情贴纸：为视频画面添加动态表情贴纸。

（3）点击拍摄：点击按钮即可进行视频摄制。

（4）拍摄设置：调节拍摄镜头快慢、倒计时时长。

（5）调整摄像头：将摄像头调整为前置摄像头或后置摄像头。

（6）美颜拍摄：在美颜拍摄中，可以对视频进行"大眼瘦脸""滤镜""美颜"等方面的调整。

图 8-6　火山小视频

（7）直播功能：用户点击即可进入，粉丝可以为主播送礼物，对主播进行打赏等。

特别提醒：火山小视频诞生于短视频软件满天飞时，与市面上的众多短视频拍摄软件相比较，其实并无十分突出的亮点。但是在拍摄完整的视频后，编辑时却有独一无二的"抖动""黑魔法""70 年代""灵魂出窍""幻觉"五款处理特效可以选择，可以让视频充满个性化风格。

### 8.1.5　秒拍——文艺潮流、悬赏玩法

秒拍是由北京科技有限公司发布的一款集视频拍摄、视频编辑、视频发布功能于一体的短视频拍摄软件。

秒拍有五种视频频道，能帮助不同用户选择各自喜好的视频进行观看，有"文艺摄像师"之称。在风格上偏向于文艺化与潮流化，如图 8-7 所示。

1. 特色

秒拍最大的亮点是免流量看视频，这为众多的用户选择秒拍奠定了基础。秒拍的悬赏玩法也是其吸引众多用户的又一大特色。

2. 功能

秒拍有以下几个功能。

（1）视频拍摄：点击之后即可进入视频拍摄界面，除拍摄视频外，还有编辑功能，在视频导入后可以自动为视频添加背景音乐、更换背景音乐。编辑功能中有充满文艺风格的滤镜，使视频充满了艺术感与青春感。

（2）直播链接：点击即可进入视频的直播界面，将视频分享到秒拍平台上，供更多人观看及打赏，以获得更多的粉丝量及礼物。

### 8.1.6 逗拍——幽默搞笑、H5 制作

逗拍是由深圳市大头兄弟文化传播有限公司发布的一款集视频拍摄、视频编辑和视频发布功能于一体的短视频拍摄软件。

逗拍在发布初期因为大头恶搞视频而声名大噪，连续多次位居短视频拍摄与下载量的榜首，整体风格偏向轻松搞笑，很受人们的欢迎，如图 8-8 所示。

图 8-7　秒拍

图 8-8　逗拍

1. 特色

逗拍最大的特色就是"逗"。通过大头恶搞使短视频的呈现方式有别于其他短视频制作软件。逗拍拥有 14 种不同的场景，除了大多数的视频软件都可以拍摄的搞笑场景、娱乐场景等常见场景外，还可以拍摄团队招聘、招商引流、活动邀请等具有商业性质的视频，并且具有其他视频软件所没有的 H5 功能，更加适合中小企业的招聘宣传。

2. 功能

逗拍作为一款短视频拍摄软件，其不同之处如下。

（1）高清拍摄：一键实现高像素视频拍摄。

（2）鬼畜视频：制作洗脑且节奏感、韵律感强的视频。

（3）视频编辑：对视频进行编辑。

（4）视频模板：拍摄风格可供选择，也可以直接套用现成模板。

（5）图片视频：将一张张图片变成一段视频。

（6）保存草稿：操作之后，没有发布的视频可以保留在草稿箱中，以便日后进行查询。除以上主要功能以外，逗拍的视频编辑功能也很出色，可为视频添加贴纸、水印、配音与滤镜等。逗拍的 H5 大片制作功能将视频拍摄与 H5 的功能融合在一个软件中，让 H5 的制作变得更加简单。

特别提醒：逗拍的视频拍摄功能在视频拍摄时长上有相应的限制，分别为 15 秒的短视频、30 秒的短视频、60 秒的短视频，且对视频画面尺寸有调节限制，只有竖屏与正方形屏两种选择。

以上介绍了常见的短视频制作软件，虽然拍摄者使用手机拍摄短视频非常简单，很容易操作，但还是需要借助很多 App 的帮助。值得注意的是，摄制者如果想要拍好一个短视频，仅靠基本的软件提供的功能还不够，因为拍摄过程中会遇到各种各样的问题，有些是不可预知的。为了用手机拍出优质的短视频，摄制者要从细节处找到技巧，细节决定作品的成败。以下从几方面详细阐述智能手机摄制优秀短视频的方法。

## 8.2 五种拍摄诀窍，于细节处窥出作品成败

### 8.2.1 制作设置分辨率——轻松获得高清画质

分辨率是这部分内容主要说明的重点，它是指显示器或图像的精细程度，其单位为像素。像素可以细分为"显示分辨率"和"图像分辨率"。显示分辨率是指显示器所能显示的像素的数量。像素越多，显示就越清晰；像素越少，显示就越模糊。图像分辨率的定义则是接近于分辨率定义的原始定义，指每英寸所含的像素数量。例如，分辨率为640×480表示为水平方向上有640个像素点，竖直方向上有480个像素点。实操中，分辨率越高，画面就越清晰，反之越模糊。现在市场上手机多种多样，不同品牌、不同样式的手机在拍摄短视频时，分辨率各不相同，希望摄制者能够根据自身手机的实际情况进行适当的调整。

对焦是指在用手机拍摄视频时调整好焦点的距离。对焦准确决定了视频主体的清晰度。在智能手机中，手机视频拍摄的对焦方式主要是自动对焦和手动对焦两种。自动对焦是手指触摸屏幕的某处就可以完成对焦。手动对焦一般通过设置快捷键来实现对焦。下面以一款手机为例展示对焦设置方式。

自动对焦的设置步骤如下：打开相机，点击图标进入界面，点击按钮进入录像界面，点击画面中的具体位置，实现自动对焦，如图 8-9 所示。

图 8-9　自动对焦

手动对焦需要设置对焦快捷键，一般将音量键设置为快捷键，步骤如下：打开手机相机功能，点击图标进入录像设置界面，点击音量键功能按钮，选中对焦单选按钮即可将其音量键设置为手动对焦快捷键，如图 8-10 所示。

图 8-10　手动对焦

摄制者在用手机拍摄视频时，除了进行对焦外，还可以进行自由变焦，将远处的景物"推上去""拉出来"后再

进行视频拍摄。在拍摄手机视频的过程中，采用变焦拍摄的好处是免去了距离远的麻烦，摄制者只需站在同一个地方就以可进行远处景物的摄制。

特别提醒：在手机录制视频的过程中，使用变焦设置要把握好变焦的程度。远处景物会随着焦点的推进而变得不清晰，所以为保证视频画面的成像质量清晰，变焦要适度选择。

分辨率是摄制视频清晰度中重要的一环，手机拍摄视频的分辨率有许多种，主要分为常见的480P、720P、1080P 及 4K。

480P 标清分辨率是如今视频中最为基础的画面分辨率。480 代表垂直分辨率，即有 480 条水平扫描线；P（progressive）代表逐行扫描 480 条水平扫描线。480P 无论是拍摄视频还是观看视频都属于流畅、清晰度一般的分辨率，其文件占据的手机内存较小。即使在网络条件不好的情况下，480P 的视频基本上也能正常播放。

720P 高清分辨率的表达方式为 HD720P，较常见。当分辨率为 1280×720 时，拍摄的视频声音具有立体音听觉效果，这一点是 480P 无法做到的。无论是视频拍摄者还是观众，如果对音频效果要求较高，就可以采用 720P 高清分辨率进行视频摄制。

1080P 高清分辨率在众多智能手机中表示成为 FHD1080P，FHD 是 Full High Definition 的缩写，意为全高清，比 720P 所能显示出的画面清晰度更胜一等，对手机内存要求更高。1080P 延续了 720P 所具有的立体音功能，并具有较好的画面效果，能展现视频细节。

4K 超高清分辨率，手机里表示为 UHD 4K，UHD 是 Ultra High Definition 的缩写，是 FHD1080P 的升级版，分辨率达到了 3840×2160，是 1080P 的数倍。4K 采用了超高清分辨率拍摄视频，无论是画面清晰度还是声音展现都有极强的表现力。

### 8.2.2　选择尺寸——不同风格，不同画幅

手机视频的摄制过程中，拍摄者会根据不同场景、不同拍摄主体以及每一个拍摄者想要表达的不同思想来适当变换画幅。画幅在一定意义上会影响观众的视觉感受和手机视频的优劣程度，为视频选择合适的画幅是拍摄手机视频的关键问题。

### 8.2.3　保持稳定——避免画幅晃动模糊

视频拍摄者在拍摄视频的过程中，想要保持手机的稳定，除了使用必要的手机稳定工具以外，还有很多小技巧。

**1. 物体作为支撑点稳定拍摄**

特别提醒：在日常生活中可以用做支撑的物体有很多。例如，在室内拍摄时可以利用椅子、桌子等；而在户外拍摄时，则可以利用较大的石头、户外长椅、大树等支撑双手或身体。

**2. 正确的拍摄姿势**

拍摄者用手机拍摄视频时，拍摄姿势十分重要，身体稳才能保证手机正。如果时长过长，僵硬的姿势会导致身体不适，身体长时间倾斜，不仅颈部易发酸，就连手臂也会因发僵而抖动，导致视频画面晃动不清晰。正确的姿势应是选择重心稳定且身体舒服的姿势。例如，正面拍摄视频的时候趴在草地上，身体重心低，不易倾斜，方能确保拍摄视频手机的稳定。

**3. 稳定的拍摄环境有利于拍摄**

摄制者在视频拍摄的过程中，寻找稳定的拍摄环境对手机视频画面的稳定起到了重要的作用。一方面，稳定的环境能确保视频拍摄者自身的人身安全；另一方面，稳定的环境能给手机工作创造平稳的环境，使拍摄者拍出的画面相对稳定。容易影响视频拍摄的情况很多，如拥挤的人群、湖边悬崖处、大风等因素都会给手机拍摄带来很大的阻碍。

### 8.2.4　清理镜头——保持画面的洁净度

手机的后置镜头多采用"凸出"设计，屏幕朝上的放置方法容易使手机的后置镜头沾上灰尘、污垢，磕到硬物

造成镜头损毁。

以上情况的发生，不仅会使镜头的成像质量降低，还会腐蚀镜头甚至使镜头无法工作，所以手机镜头的清洁十分重要。

特别提醒：镜头要定期清理，但如果过分清理，有可能对手机镜头造成一定的损伤。日常清理是在生活中使用手机时有意识地保护镜头，切莫让手机进入油烟较重或者灰尘污垢较多的地方。

### 8.2.5 设置静音——尽量保持安静氛围

呼吸的声音也会影响视频拍摄的画质，呼吸会引起胸腔的起伏，一定程度上带动上肢，所以呼吸声会影响视频摄制画面质量的呈现。

呼吸是否急促会影响上肢运动幅度的大小，呼吸急促，声音较大，双臂运动的幅度也会增强，所以良好地控制住呼吸声的大小在一定程度上会增强视频拍摄的稳定性和画面的清晰度。摄制者双手端举手机拍摄的情况下，呼吸影响就更容易产生，要保持呼吸平稳而均匀，在视频拍摄之前不做剧烈的运动，或者等呼吸平稳之后再拍摄。摄制者在拍摄过程中要保持呼吸的平缓与均匀，做到小、慢、轻、匀、声小，身体动作慢，呼吸轻，保持视频画面的相对稳定。

特别提醒：摄制者在视频拍摄过程中，除了对呼吸声的控制外，还应注意手部动作及胸部动作的稳定。身体动作过大或者过多会引起手机摇晃，呼吸最好能与平稳均匀的身体动作保持一致。

## ▶ 8.3 四种自拍新招，简单操作打造唯美效果

短视频的出现让越来越多的人不再满足于静态式的自我展现，很多人开始以短视频这种新方式来展示自己，自拍模式也逐渐流行起来。照片已不是展现自我的唯一途径，自拍短视频更能展现魅力。

### 8.3.1 自拍杆 + 遥控——便捷舒适的高性价比之选

通过自拍杆完成自我视频拍摄十分常见。摄制者在进行自我视频拍摄时，单靠双手端举手机进行拍摄很难达良好的视觉效果，拍出的视频会呈现一种不完整的"自己画面"。这个时候，更好的视频拍摄方法就是利用辅助工具。自拍杆是很好的选择，主要的原因有以下几点：

（1）价格便宜，相对于高档视频拍摄辅助器来说，自拍杆是实惠的选择；
（2）自拍杆长度在一定区间内可以自由调节，可以调节身体入镜面积的大小；
（3）自拍杆将人与手机镜头的距离拉长了，使人不再局限于镜头附近的范围，身体灵活性增强了，动作幅度也可以随之增大。

自拍杆的安装比较简单，只需要将手机放在自拍杆的支架上，调整好支架下方的旋钮就可固定手机。支架通常采用一些软性的材料，手机容易固定且不伤害手机，市面上的大部分自拍杆都有遥控功能，采用耳机插孔或电源插孔连接手机，拍摄视频前将自拍杆上的插头插入手机的耳机插孔或电源插孔就可以对手机进行遥控操作，无须进行软件设置。

特别提醒：自拍杆虽然能增大人的入镜面积，但自拍杆的长度始终有限，不能拍摄出被摄体的全景。自拍杆操作需要单手掌握，视频拍摄时间过长就会出现手酸手软的情况，而且自拍杆并不能完全解放双手，自拍杆的遥控操作依然需要用手指按动按键。

### 8.3.2 自拍杆 + 蓝牙——解放双手的超稳定拍法

自拍杆除了具有遥控功能以外，市场上还有具备蓝牙功能的自拍杆。手机在连接蓝牙自拍杆时，只需要打开手机蓝牙搜索蓝牙设备，自拍杆就会自动与手机进行配对。蓝牙快门将快门键分离出来，有效减轻了抖动问题。将手

机固定在自拍杆上端，就可以上下调整角度，使用各种姿势拍摄，帮助用户轻松寻找美颜、显瘦的角度。

蓝牙自拍杆最大的优势就在于可以解放拍摄者的双手，只需要连接蓝牙即可控制手机进行视频的拍摄，在蓝牙能覆盖到的范围内可以进行一定距离的视频自拍，给身体创造了更多的活动空间。

### 8.3.3 搞怪表情——让快乐感染每一个人

在视频自拍软件中，还有众多专门的搞怪表情。利用这些搞怪的表情也能够让自拍视频风格有很大的转变和新意，可以选用一些夸张的表情来表现自拍者的视频。以下两种方法可以完成搞怪表情的自拍：

（1）自拍者可以在录制视频时采用比较夸张的表情，如惊恐状、惊讶状、兴奋状或者大笑状等；

（2）如果觉得自身的表情达不到搞怪的程度，还可以利用视频拍摄软件中的一些夸张表情做进一步的夸张。

### 8.3.4 特殊发饰——让美丽气质自由绽放

特殊发饰可以使视频中的自己显得更加与众不同，特殊的发饰有很多种类，如大型的兔子耳朵的发箍、美丽的花环等，都能在视频的自拍中让拍摄者显得更加可爱。

特别提醒：在视频拍摄的过程中，给面部添加特效不仅可以增强视觉上的美感，还可以有效地吸引观众关注，这是自拍模式的亮点所在，美颜、特效几乎成了必备功能。

# 第9章
# 后期软件，打造优秀作品

## 知识导读

优秀的短视频作品的"出圈"并非仅靠普通的拍摄和简单的剪辑就能完成。制作者要想制作出精彩的爆款短视频，不仅需要从前期的摄影摄像和平台的推广发布着手，后期软件的再加工和精心打磨也是必不可少的关键环节。本节将介绍多种不同类型的后期制作软件，读者可以通过其强大的视频加工能力，为受众打造更多优秀的短视频作品。

## 学习目标

- 了解五种后期 App 的功能和使用方法
- 学习五种后期计算机剪辑软件的功能和使用方法
- 学习五种视频优化辅助工具的功能和使用方法

## 9.1 五种后期 App，移动端的视频加工法宝

人人都是短视频博主的时代已经到来，由于短视频制作门槛低，在移动端即可完成操作，使得全民短视频成为一种新的生活方式。移动端为满足受众需要，推出了多种多样的后期视频加工软件和工具，本节将介绍几款实用便捷且特点鲜明的后期 App，以满足全方位的后期制作需要。

### 9.1.1 小影——强大特效打造与众不同的风格

小影（VivaVideo）是一个集视频剪辑、教程玩法、拍摄于一体的大众短视频创作工具（图 9-1），由杭州趣维科技有限公司在 2013 年推出并不断更新迭代。目前，全球每天有数十万人使用"小影"拍摄微电影、创意短片等，90 后、00 后群体是小影的主要追捧用户。图 9-2 所示为小影的首页。

图 9-1  小影

图 9-2  小影首页

小影最便捷的功能在于它可以不限时拍摄。通过页面的布局，不难发现小影主打视频剪辑以及后期特效制作，主要有以下几个功能。

（1）视频拍摄：点击页面上拍摄选项即可开始拍摄。小影中共有三种拍摄方式：自拍美颜、高清相机、音乐视频。创作者可根据不同的需求选择合适的拍摄方式。

（2）视频编辑：小影的视频编辑功能可畅享音乐配置、镜头剪辑、文字增添等，操作简单易学，通过手指滑动时间轴即可完成初期剪辑。

（3）视频特效：此功能主要用于对已完成初期剪辑的视频进行特效处理，其中包括边框特效、光影变幻、电影滤镜、动态素材等，可轻松完成视频的特殊化处理。

（4）草稿保存：用于尚未完成剪辑任务或后期特效的视频，可临时保存，便于之后的继续创作。

除此之外，小影还拥有以下强大的后期功能（图 9-3）：①语音转文字功能，进入功能页面可自动智能识别视频

图 9-3  小影的后期功能

中的人声，将语音转换为文字，无须手动输入，准确率极高；②画中画合成功能，先选择一个主体编辑视频，再选择想要成为画中画的辅助图片、视频或 GIF，拖动时间轴改变出现时长，拖动页面图像改变出现位置；③加马赛克功能，添加需要编辑的视频镜头，可手动简易打码，便于解决部分镜头的版权及隐私问题。

### 9.1.2 乐秀——系统专业的功能练就惊人作品

乐秀（VideoShow）是一款操作简捷的手机图片/视频编辑软件，由上海影卓信息科技有限公司研制并开发。图 9-4 为乐秀的下载界面。

图 9-4 乐秀的下载界面

进入乐秀的主功能界面（图 9-5），不难发现这款强大的视频编辑软件拥有多种专业功能，是摄影发烧友、vlogger 的全能工具。

图 9-5 乐秀的主功能界面

乐秀主要有以下几个功能。

（1）视频编辑：此功能可进行视频裁剪、视频分割、视频合并与叠加、视频倒放以及图片做视频等多种多样的操作。视频调节可对视频进行对比度、亮度、锐化等参数的手动调节；增加滤镜可对视频做相关风格化处理，确保视频风格色调的统一和谐。除此之外，乐秀的视频快慢速功能也为创作者提供了灵感，0.25 倍慢镜头到 4 倍加速播放可供选择，增强画面的冲击力以及细节特点的放大效果。

（2）超级相机：可用乐秀直接拍摄视频，支持多段拍摄。多种背景音乐可任意选择，画面声音同步，轻松制作卡点视频。同时，乐秀拥有酷炫、美颜、手绘等多种拍摄滤镜，便于契合后期风格化创作。

（3）视频模板：多种类的视频模板，一键拥有风格鲜明的视频主题。卡通、复古、流行等多种边框和模板可选，打造创意视频。

（4）我的工作室：可暂时保存未编辑完成的视频，便于后期的继续创作和发布。

（5）视频工具：堪称全能的视频编辑功能，为视频编辑提供相关工具。

### 9.1.3 FilmoraGo——颜值与实力并存的个性化工具

FilmoraGo（万兴神剪手）是一款界面简洁时尚、功能强大的视频编辑软件，它是深圳万兴科技公司近年来的代表作，于2015年4月上线。经过几年的不断更新和迭代，现已发展为一款集视频剪辑、格式转换、屏幕录制等多重功能于一体的综合性软件。图9-6为FilmoraGO App的下载界面。

图9-6　FilmoraGo下载界面

FilmoraGo的主界面布局清晰明了，共分为三部分：第一部分为左下角的创建视频编辑，点击即可进行全套视频编辑和后期制作；第二部分为右下角的视频拍摄，点击即可进入拍摄页面，通过设备自带的摄像头进行实景拍摄；第三部分为上方的"我的创作项目"，尚未完成编辑的项目将保存于此，便于后期继续创作和修改。FilmoraGo的视频编辑界面分为左右两部分，界面栏清晰显区分，左侧为视频剪辑栏，右侧为后期制作栏。视频剪辑栏可进行视频的裁剪、合并等操作，通过拖动时间轴完成基础剪辑，可实时观看项目剪辑进程。后期制作栏可添加背景音乐音效、标题字幕，也可添加特效素材，对视频进行特殊化处理，后两者为添加表情贴纸和风格滤镜，让视频充满趣味性，更符合新媒体的网感化处理。

### 9.1.4 巧影——细致入微，完善人性化制作界面

巧影是一款符合用户需求的视频剪辑和处理软件，由北京奈斯瑞明科技有限公司开发和发布。除常规的视频编辑功能外，创作者可即时为剪辑中的视频进行配音录制，而且可利用海量资源进行后期多图层特效处理，轻松完成多维度手机视频创作。巧影主界面的主体部分的中部有一个圆形按键，点击即可进入视频编辑系统。巧影最大的特点在于其拥有海量资源，素材商店里提供了各种转场效果、音乐和字体，大量的素材可满足用户的个性化需求，瞬间让创作者的视频与众不同。

### 9.1.5 KineMix——简洁界面赢得众星捧月般的支持

KineMix是一款适用于移动设备的简单易学的视频剪切及合并工具软件，可以实现由创建新的视频项目到剪辑精彩片段，再重新合并成一个新的精彩短视频，最后分享视频到社交网络平台的功能。

（1）视频拍摄：通过手机录制一段视频。

（2）视频导入：从手机相册里导入已拍摄完成的短视频、照片，再进入编辑页面。在视频编辑页面，可为原始素材增加字幕、音乐以及特效等，完成编辑后可保存并分享。

## 9.2 五款后期电脑软件，电脑端的视频剪辑帮手

在融媒体时代，电子通信技术不断发展，虽然移动端的手机视频后期 App 数量众多、操作简单、快速便捷，但是若需要达到专业级别和完美的效果呈现，仍需电脑端后期软件的再加工。电脑端的后期软件的功能更为强大且系统，与此同时，其操作难度也明显增加。本节将为视频创作者介绍五款较为出色且能满足大部分用户需求的电脑端后期视频软件。

### 9.2.1 会声会影——功能全面、新手必备

会声会影（Corel VideoStudio）是一款由加拿大 Corel 公司制作的功能强大的视频编辑软件，现在已经升级为会声会影 2023 版本，更新以往功能的同时可提供上百种编制效果，可导出多种常见的视频格式。

会声会影的工作界面将各功能板块非常明显地划分开。菜单栏包括"文件""编辑""工具""设置"和"帮助"五个菜单。每个菜单都能为创作者提供不同的功能。例如，"文件"菜单中可以提供和文件相关的功能，如新建普通项目文件、保存文件、导出等；"工具"菜单可以提供处理视频文件时需要用到的一些功能。

（1）步骤面板：为创作者梳理视频编辑的进度，将其过程分为"捕获""编辑"以及"共享"三个板块。

（2）预览窗口：可以显示视频经过处理后的状态，如添加的视频滤镜、转场效果等。创作者可以通过观看预览窗口的视频，对当前视频及时做出改进。

（3）导览面板：拥有一排播放控制按钮和功能按钮，可以对预览窗口的视频进行控制。

（4）素材库：可以显示已经导出素材库的所有素材，包括视频、图像和音频素材。创作者可以直接将素材库的素材添加至视频中。

（5）时间轴面板：可以显示各个素材的时长、起止位置等信息。

### 9.2.2 Premiere——专业水准、应用广泛

Premiere 简称为 Pr，由 Adobe 公司开发，是一款常用的视频编辑软件。Premiere 是视频编辑爱好者和专业人士必不可少的视频编辑工具，它可以提供采集、剪辑、调色、美化音频、字幕添加、输出、DVD 刻录的一整套流程，是现在使用最为广泛的视频剪辑处理软件。

Premiere Pro CC 2019 的工作界面包括菜单栏、效果控件、素材库、预览窗口以及时间轴面板。

（1）菜单栏：主要包括"学习""组件""编辑""颜色""效果"等板块。每个板块都拥有不同的功能，如在"效果"板块中，整个界面中主要提供给创作者的是关于添加效果的功能选项——转场效果、视频特效等。

（2）效果控件：创作者可以通过效果控件面板控制对象的运动、透明度等参数。

（3）素材库：可以显示已经导入素材库的所有素材，包括视频、图像和音频素材。创作者可以直接将素材库的素材添加至视频中。

（4）预览窗口：可以显示视频经过处理后的状态，如添加的视频滤镜、转场效果等。创作者可以通过观看预览窗口的视频对当前视频及时做出改进。创作者可以直接通过该窗口对当前视频进行画面大小、比例、位置的调整。

（5）时间轴面板：可以显示各个素材的时长、起止位置等信息，其拥有多个视频和音频的轨道，可以直观地显示各个音频和视频素材之间的时间和覆叠关系。

### 9.2.3 快剪辑——一站到底、小白新宠

快剪辑是由 360 公司推出的一款免费剪辑软件。它作为国内首款免费的在线视频剪辑软件，是一款功能齐全、操作简捷、可以在线边看边剪的电脑端视频剪辑软件，很适合对视频制作需求不高的用户使用。快剪辑的工作界面简单明了，主要分为三个板块：预览窗口、素材库和时间轴面板。

（1）预览窗口：创作者可以直观地从此处观看已经编辑的视频文件的预览效果。
（2）素材库：视频、音频、图片等素材的添加区域。创作者可以直接将素材库中已导入的素材添加至视频中。
（3）时间轴面板：可以显示各个素材的时长、起止位置等信息，直观地显示各个音频和视频素材之间的时间关系，时间轴的大小可以自由调节。

### 9.2.4 爱剪辑——全能免费、大众审美

爱剪辑是一款适合大众的剪辑软件，简单易上手。爱剪辑的功能十分全面，不仅有剪辑等基础功能，同时提供文字、字幕特效、转场特效、滤镜特效等功能。爱剪辑的功能界面分为菜单栏、信息列表、预览面板、添加面板、信息面板。

（1）菜单栏：主要包括"视频""音频""字幕特效"等菜单选项，不同的菜单能为创作者提供不同的功能，如"视频"菜单可以为创作者提供视频的添加、剪辑等功能。
（2）信息列表：创作者展示剪辑的视频或者音频素材的区域，其可以显示素材的相关信息，还能在此区域为视频添加转场、风格等特效。
（3）预览面板：可以显示视频经过处理后的状态，如添加的视频滤镜、转场效果等，还能对视频的播放进行加速、减速，以及调节音量的大小。
（4）添加面板：视频、音频、图片等素材的添加区域，双击空白处即可添加视频。
（5）信息面板：展示制作中的视频的详细信息，每多加一个步骤，信息面板中的视频信息就会发生变化，让用户清晰地了解自己的剪辑流程。

### 9.2.5 PPT——批量制作、快速便捷

PPT 是 PowerPoint 的缩写，是一款演示幻灯片的软件，常用来制作演讲、报告等所需的幻灯片。WPS 公司制作的 PPT 软件也将短视频制作功能加入其中，创作者可以通过该软件制作简单的幻灯片视频，其制作步骤如下。

打开 WPS 软件，新建一个演示文稿后，选择上方的"插入"选项。首先将下载好的图片插入演示文稿，然后选择右边的"音频"选项，再选择下拉菜单中的"嵌入背景音乐"选项。执行上述操作后，创作者可以选择下载好的背景音乐，单击"打开"按钮进行"嵌入背景音乐"操作，如图 9-7 所示。

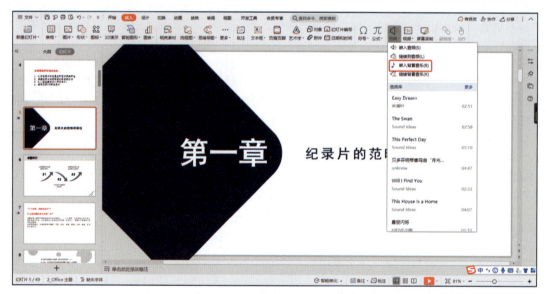

图 9-7 "嵌入背景音乐"操作

接下来可以在图片之间添加切换效果，首先选择界面上方的"切换"选项，然后在下面的"效果"窗口中选择

合适的切换效果。此处选择了"擦除"效果，如图 9-8 所示。

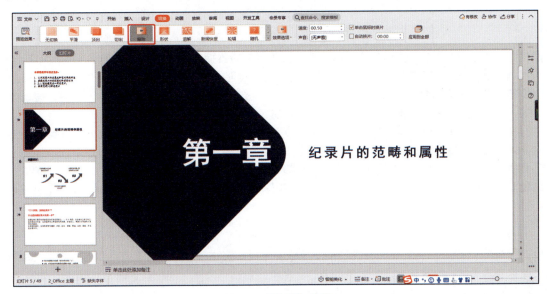

图 9-8 "擦除"效果

## 9.3 五种辅助工具，以细节打磨出精彩的短视频

在视频的后期制作过程中，创作者仅靠视频剪辑软件很难完成视频制作中的所有部分，如图片素材的处理和捕捉等。在视频制作完成后，对视频进行外包装也很重要，如文案的排版、封面的制作等。这些工作都必须使用另外的辅助工具来完成。本节将推荐五种具有不同功能的辅助工具。

### 9.3.1 Photoshop——让炫酷的封面为你添彩

Photoshop 简称 PS，它与 Premiere 都是 Adobe 公司推出的后期制作软件。Premiere 专注于视频后期制作，而 Photoshop 是一款较为专业的图片处理软件。Photoshop 主要处理以像素所构成的数字图像，使用其众多的编修与绘图工具可以有效地进行图片编辑工作，在图像、图形、文字、视频、出版等各方面都有涉及。其工作界面分为以下几部分。

（1）菜单栏：主要包括"文件""编辑""图像""图层"等。每个菜单栏选项都有其对应的功能命令。Photoshop 的大部分命令都可以使用菜单栏中的功能命令来完成。

（2）工具箱：位于工作界面的左侧，其包括 50 多种工具，创作者只需要单击要使用的工具，即可完成工具的选择。

（3）工具属性栏：可以对当前所选工具的属性进行设置。当创作者选择不同的工具时，此属性栏显示的内容也会不同。

（4）图像编辑窗口：图片处理的主要区域，在此区域可以观看正在处理图像的当前状态。左侧工具栏的工具也在此区域进行使用。大面积的可视化窗口使图像处理变得更加直观。

（5）状态栏：位于工作界面的下方，可以显示当前编辑图像的显示参数，包括显示比例、文件信息和提示信息。

（6）浮动控制面板：主要用于对图像进行颜色、图层、样式等相关操作的设置，其位于工作界面的后侧，创作者可以通过拖拽操作对其进行分离、移动和组合等操作。

短视频的封面往往都需要通过图片处理软件进行后期制作，这样的封面会更加吸引用户的目光。在短视频平台中，用户对每一个短视频的第一印象就是它的封面图。好的封面图更具吸引力，也会为观众提供短视频的主要内容。因此，在短视频的后期制作过程中，Photoshop 是必不可少的辅助工具。

### 9.3.2 秀米——让排版不再成为大难题

秀米是一款专用于微信平台公众号的文章编辑工具。秀米编辑器拥有很多原创模板素材，排版风格也很多样化、个性化。秀米编辑器可以为文章排版设计专属风格。短视频不仅可以发布在快消费的短视频平台上，更加精美的短视频还可以发布在微信公众号这类文案平台上。此时，优秀的文案排版是对短视频的一种外包装，短视频搭配上整齐有序的排版，能给用户带来不一样的短视频观看体验。其工作界面分为以下几部分。

（1）素材库：包含许多可编辑的文字和图片模板，方便创作者快速排版。素材库的上方有分类栏，创作者可以根据自己的喜好以及文案的内容选择不同类型的模板。

（2）工具栏：包括"打开图文""预览""保存"等部分，可以为创作者提供文案导入、导出等功能。

（3）编辑窗口：对图文进行编辑排版的主要区域，可以将素材库中的模板直接添加至编辑窗口进行编辑。

### 9.3.3 红蜻蜓抓图精灵——让屏幕捕捉更富有趣味

红蜻蜓抓图精灵 (RdfSnap) 是一款完全免费的专业级屏幕捕捉软件，可以让创作者得心应手地捕捉到需要的屏幕截图。捕捉图像方式灵活，图像输出方式也多种多样。菜单栏包括"文件""输入""输出""选项"和"帮助"五个菜单选项，选择任意一个菜单选项都可以弹出与其相关的功能命令。其工作界面分为以下几部分。

（1）捕捉方式：位于工作界面的左侧，包含"整个屏幕""活动窗口""选定区域""固定区域""选定控件""选定菜单""选定网页"和"捕捉"八个捕捉工具。创作者可以根据具体情况选择捕捉图片的工具。

（2）工具栏：位于界面底端，主要用于选择不同的项目，如"工具""历史""常规""热键"等。

（3）工具预览面板：主要用于展示当前所选工具的属性。

### 9.3.4 GifCam——让 GIF 录像变得简单可行

GifCam 是一款免费的录制电脑屏幕并将其制作成 GIF 动画的工具。在创作者制作微信公众号文案时，添加 GIF 动图能增添乐趣。其工作界面分为以下两部分。

（1）编辑窗口：进行动图制作、加工的主要界面。

（2）选择项目：位于界面的右侧，提供多种功能，如"打开文件""编辑文件大小""保存文件""录制"等。

### 9.3.5 PhotoZoom——让图片无损放大

PhotoZoom 是一款新颖的、技术上具有革命性的对数码图片进行放大的工具。对数码图片进行放大时，通常的工具总会降低图片的品质，而这款软件使用了 S-SPLINE Max 技术，采用优化算法，尽可能地提高放大图片的品质，是一款效果很好的图像放大软件。PhotoZoom 最大的特色是可以对图片进行放大而不会失真。其工作界面分为以下几部分。

（1）菜单栏：位于工作界面的上方，包括"文件""编辑""批量处理""选项""试图"和"帮助"六个菜单选项。不同的菜单能为创作者提供不同的功能。

（2）工具栏：主要用于调整图片查看模式和对图片进行裁剪，包括"裁剪""选中""旋转"等工具。

（3）设置面板：位于界面左侧，可以设置当前图片的各种参数，如分辨率、尺寸、锐度、自然度等。

（4）预览面板：编辑图片的主要工作区域，对图片进行调整都在此区域进行。

# 第 10 章
## 小影 App，举腕之间，气宇不凡显大气

### 知识导读

人人都是视频博主的时代已经到来，我们不难发现，快手、抖音、美拍等众多的短视频平台上陆续出现营销类作品，利用短视频的传播形式为创作者提供有利平台。本章将以小影 App 为例为读者介绍短视频的拍摄、制作以及发布分享全过程。

### 学习目标

- 学习短视频的前期拍摄
- 掌握短视频的后期制作
- 学会短视频的发布分享

## 10.1 前期拍摄，一手打造高质量作品

相对于图文而言，短视频能够带给用户独一无二的视觉体验。短视频最大的特点是精致和有趣。精致是指短视频的时长一般控制在 15 秒到 5 分钟，所以短视频是浓缩的精华，需要在短时间内快速抓住用户的兴趣和痛点，唯有满足条件的短视频才能受到广泛关注。

### 10.1.1 拍前准备，有条不紊，一气呵成

以拍摄"清晨露珠"的短视频为例，案头的准备工作是不容小觑的。首先要准备好拍摄器材，主题内容要有策划方案和实施方案，确定好后期制作的 App，这样才不会在整个环节中手忙脚乱。

笔者所用的拍摄器材是 iPhone 手机，这款手机的后置摄像头可达到 4K 的拍摄像素，内存为 128GB，无须担心拍摄后无法存储等问题。笔者采用的短视频 App 是简单易学的小影，它的功能可满足本次作品的前期拍摄和后期制作。

本次拍摄的短视频主题为"清晨的露珠，大自然的馈赠"，主题说明视频一方面有露珠的元素，另一方面表现大自然的舒适和美好。确立好短视频的主题后，需要确定拍摄场景。

本次拍摄场景围绕拍摄对象而定，由于露珠一般存在于室外且为清晨时分，因此笔者选择在清晨光线较为柔和的小池塘边进行拍摄。图 10-1 为拍摄的初步画面。

后期使用小影 App 可为视频增加滤镜、特效、音乐、字幕等，借助小影 App 的层层渲染，可以让原本的画面更加美观大方。具体效果如图 10-2 所示。

图 10-1　视频拍摄的初步画面

图 10-2　视频具体效果

### 10.1.2 具体拍法，精确到位，细节为重

在具体拍摄过程中，应先对拍摄对象有一定的了解，唯有不断地尝试，建构出最佳的构图和角度，才能使作品独一无二，后期制作上也会相对轻松许多。

由于本次的拍摄对象为清晨的露珠，体型相对较小，而且露珠所在的树叶体型较大且颜色渐变，所以为了突出露珠的形态，在拍摄时多采用特写镜头（图 10-3），表现其光泽明亮和圆润可爱。

浅景深构图有虚实对比的拍摄方法，如图 10-4 所示，露珠和树叶是实，背景的树丛为虚，虚实结合，将受众的注意力集中在实景的密集露珠上，以突出主体的特点。

图 10-3　主体的特写视频画面

图 10-4　浅景深构图的视频画面

## 10.2　后期制作，借助工具渲染短视频

在完成前期的拍摄任务之后，制作者需要对素材进行整理和加工，这一阶段是创作的重要环节。前期的拍摄就像是构建房屋时根据图纸进行基础搭建，完成楼房的基础框架，而后期制作则是在框架之上对房屋细节进行修改和完善，唯有经过层层历练才能达到最终目标。

演示图片采用小影 App 作为后期制作软件。以清晨露珠视频为例，对其进行后期处理，以便摄制者参考学习。

### 10.2.1　导入视频，为后续操作提供便利

进入小影 App，来到图 10-5 所示的主界面，首先点击"视频编辑"按钮，跳转到图 10-6 所示的选择视频界面，选择拍摄好的视频，点击"下一步"按钮前往视频编辑界面。

图 10-5　小影 App 主界面

图 10-6　选择视频界面

视频编辑界面如图 10-7 所示，下方工具栏中包括"镜头编辑""字幕""滤镜""动画贴纸""特效"等。将工具栏从右向左滑动，点击图 10-8 所示的"添加镜头"按钮。

图 10-7 视频编辑界面

图 10-8 "添加镜头"按钮

完成上述操作后会跳转到图 10-6 所示的选择视频界面，再次选择需要编辑的视频，点击"下一步"按钮来到视频编辑主界面。

### 10.2.2 添加滤镜，使画面效果让人眼前一亮

滤镜可以用来实现图像的各种特殊效果，满足不同摄制者对不同图片和影像的画面色彩需求。下面接着图 10-7 所示的视频编辑界面继续为视频增添滤镜效果。

首先点击"滤镜"按钮（图 10-9），界面将跳转到图 10-10 所示的滤镜选择界面，从右向左滑动可以选择不同类型的滤镜。

图 10-9 "滤镜"按钮

图 10-10 滤镜选择界面

根据视频主题和拍摄主体确定视频色调的整体风格,选择图 10-11 所示的"风之诗 8"滤镜,为整体画面笼罩一层薄薄轻纱的感觉,增添清晨露珠的朦胧美感。接着为第二段视频添加滤镜,选择"晨露"滤镜,增添画面的温馨与静谧感,如图 10-12 所示。

图 10-11　添加"风之诗 8"滤镜

图 10-12　添加"晨露"滤镜

小影 App 的滤镜功能也在不断更新迭代,在滤镜下载界面中有多种多样的滤镜包可供选择。选择合适的滤镜进行免费下载,即可使用,如图 10-13 所示。

图 10-13　下载更多滤镜

## 10.2.3　背景音乐,动人心弦的必然选择

背景音乐的选择是短视频成功的关键因素,合适的背景音乐是一个短视频的画龙点睛之笔。下面继续以"清晨露珠"视频为例,为其添加合适的背景音乐。

点击图 10-14 所示的"多段配乐"按钮，随后进入图 10-15 所示的界面，并点击"添加音乐"按钮，进入图 10-16 所示的选择音乐界面。

图 10-14 "多段配乐"按钮

图 10-15 "添加音乐"按钮

在音乐选择界面，不难发现有三种选择音乐的渠道，分别为网络音乐、已下载音乐和本地音乐。在网络音乐中，将音乐再次细分为轻松欢快类、软萌可爱类、旅行治愈类等。根据视频主题选择旅行治愈类中的《空中的飞翔 flying in the sky》这首歌作为全程的背景音乐。点击图 10-16 中的"添加"按钮，将音乐添加到视频中，跳转到图 10-17 所

图 10-16 选择音乐界面

图 10-17 调整音乐位置界面

示的音乐位置调整界面，调整音乐位置，即可完成背景音乐的添加。

### 10.2.4 精准字幕，丰富信息的定位传递

字幕可以将作品的中心思想更为明显地表达出来，创作者可以根据影片风格的不同选择对应的字幕边框、字体、颜色和效果。下面继续为"清晨露珠"视频添加字幕。

点击图 10-18 中的"字幕"按钮，跳转到图 10-19 所示的界面，继续点击"添加字幕"按钮，进入图 10-20 所示的字幕编辑界面。

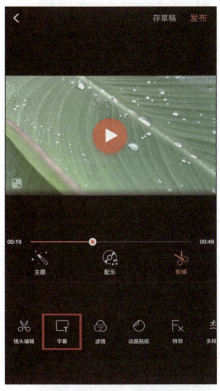

图 10-18 "字幕"按钮

图 10-19 "添加字幕"按钮

在图 10-20 中，分别有"边框""字体""颜色"和"效果"的选项。创作者可以根据作品类型依次进行选择，先在屏幕中输入文本内容"大自然的馈赠"，然后选择"手绘型边框"搭配整体字幕效果。接着在"字体"选项中选择"汉仪小麦体"作为字幕的字体，并在"颜色"选项中选择清新典雅的白色作为该字体的颜色。最后完成字幕的多项选择后，点击图 10-20 中右上角的对勾，跳转至图 10-21 所示的字幕位置调整界面，对字幕出现的位置进行微调，即可完成字幕的添加。

### 10.2.5 动画贴纸，逸趣横生的附加元素

动画效果的贴纸可以增添视频趣味性。有趣的灵魂万里挑一，动画贴纸不仅可以吸引受众的眼球，还能突出视频的主题内容，使其更加生动。

如图 10-22 所示，点击"动画贴纸"按钮，跳转至图 10-23 所示的界面，继续点击屏幕中的"添加贴纸"按钮，进入图 10-24 所示的贴纸下载界面。

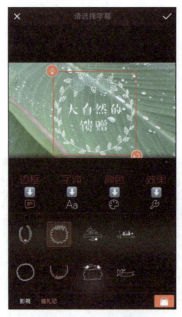

图 10-20　字幕编辑界面

图 10-21　字幕位置调整界面

图 10-22　"动画贴纸"按钮

图 10-23　"添加贴纸"按钮

在贴纸下载界面（图10-24），贴纸栏中有各种不同类型的动画贴纸可选，从右向左滑动可以选择贴纸类型。例如，节日类贴纸即为符合各类节日气氛的贴纸动画，还有可爱类、心情类、亲子类、综艺类、旅行类等。可以根据视频作品的风格和构图挑选相应贴纸，点击图10-24中的"免费下载"按钮，即可获得贴纸动画。视频"清晨露珠"为小清新风格，此处挑选旅行类贴纸中的"手绘线条贴纸"进行搭配。

如图10-25所示，选择合适的贴纸后，贴纸将会出现在视频画面上。贴纸左上角的按钮为"翻转"按钮，点击即可翻转贴纸；贴纸右下角的按钮为"调整大小"按钮，点击即可改变大小和角度。完成贴纸的位置调整后，点击屏幕右上角的对勾，即可完成动画贴纸的添加。

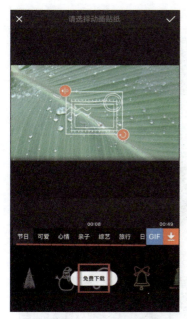
图 10-24　贴纸下载界面

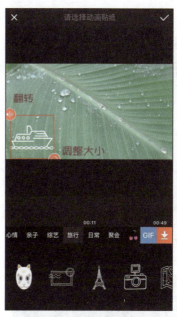
图 10-25　贴纸位置调整界面

### 10.2.6　转场效果，让人目不转睛的惊喜

视频是由多个片段依次连接组合形成的，片段是视频作品最基本的结构形式。片段与片段、场景与场景之间的过渡或转换叫作转场。转场效果可以让镜头间的转换变得更加引人注目，增添整体的韵律感和生动性。

点击图 10-26 中的"转场"按钮，跳转至图 10-27 所示的界面。在小影 App 的当前界面中，最左侧有一个"下载更多"按钮，点击即可下载多种风格迥异的转场效果。根据视频的主题及拍摄风格，点击第一段视频和第二段视频间的按钮，选择与其风格对应的"笔刷"转场效果，如图 10-28 所示。再点击第二段视频和第三段视频间的按钮，选

图 10-26　"转场"按钮

图 10-27　"下载更多"按钮

择另一款适合该视频的转场效果，如图 10-29 所示，即可完成转场特效的添加。

图 10-28　添加"笔刷"转场效果

图 10-29　添加"交叉淡化"转场效果

### 10.2.7　加入特效，特定氛围的精心营造

在添加转场效果之后，制作者还可以为视频添加适合其风格的特效。一个合适的特效能为视频添砖加瓦，增加视频对用户的吸引力。如图 10-30 所示，点击"特效"按钮，跳转至图 10-31 所示的时间轴界面，在对应帧处点击"添

图 10-30　"特效"按钮

图 10-31　"添加特效"按钮

加特效"按钮,即可跳转至选择特效界面,如图10-32所示。

在选择特效界面,可以根据视频的主题和拍摄风格来选择对应的特效。在"清晨露珠"这一视频中,可以添加"花瓣飞舞"特效或者"气球飞扬"特效来烘托欢乐轻松的整体氛围。点击图10-32中右上角的对勾,即可完成特效的添加。

图 10-32 选择特效界面

## ▶ 10.3 发布分享,多渠道传播优质内容

"清晨露珠"这一视频的后期制作已经完成,前几节对于前期拍摄和后期制作的学习是打造优秀作品的重要环节,优秀的作品唯有让更多的人欣赏才能发挥其最大的价值。广泛的传播是创作者努力的方向,本节将选择快手App作为主要传播渠道,对视频的发布分享做概要介绍。

### 10.3.1 导出保存,微小细节不容忽视

视频在保存的过程中也有许多细节需要注意。点击图10-33右上角的"发布"按钮,跳转至图10-34所示的作品保存界面,点击界面中央的"保存到相册"按钮。

点击"保存到相册"按钮后,系统将提示用户选择导出视频的尺寸,如图10-35所示,在界面中选择画质较好的"高清(1080P)"选项,即可将制作好的视频保存至手机的系统相册中,如图10-36所示。

### 10.3.2 发布分享,定向选择,找准渠道

以快手App作为定向发布的平台,因此先将快手App下载至移动端设备中。进入快手App后,点击界面中间下方的"视频发布"按钮,如图10-37所示,跳转至图10-38所示的界面,点击右下角的"相册"按钮,即可跳转至手机系统相册,选择需要发布的视频,如图10-39所示。

图10-33 "发布"按钮

图10-34 "保存到相册"按钮

图10-35 选择视频画质界面

图10-36 视频保存导出界面

  选择需要发布的视频后,点击"下一步"按钮,即可跳转至图10-40所示的快手App视频预览界面,直接点击"下一步"按钮,进入快手App的视频编辑界面,如图10-41所示。

图 10-37 快手 App 主界面

图 10-38 "相册"按钮

图 10-39 选择视频界面

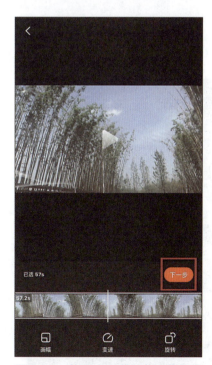

图 10-40 快手 App 的视频预览界面

点击图 10-41 中的"封面"按钮，跳转至图 10-42 所示的视频封面选择界面。用手拉动视频，选择合适的一帧作为视频的封面，选择一张带有字幕的图片展示视频的中心思想，如图 10-43 所示。

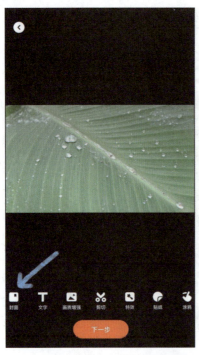

图 10-41　快手 App 的视频编辑界面

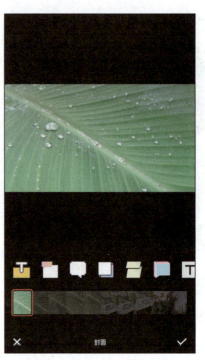

图 10-42　视频封面选择界面

在选择合适的封面后,点击界面右下角的对勾,即可跳转至视频的文案编辑界面,如图 10-44 所示。在该界面中,制作者可以点击界面中的"话题"按钮,选择与视频文案相契合的热门话题,为视频增加曝光率。最后点击界面下方的"发布"按钮,即可完成视频的发布。

图 10-43　选择合适的一帧作为封面

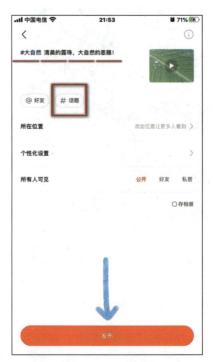

图 10-44　视频文案编辑界面

# 第 11 章
# 今日头条,手机摄影《春夏秋冬》明特色

//////////

**知识导读**

在融媒体时代下,新媒体短视频成为人们在生活中互动交流、传递信息的主流方式之一。快消费形式的新媒体短视频为整个社交媒体平台提供了更强的活力。今日头条作为当今主流的短视频平台之一,拥有各式各样制作优良的短视频。本章将通过 Premiere(以下简称 Pr)介绍今日头条平台中短视频的制作过程。

**学习目标**

- 精心筹划前期拍摄
- 了解后期处理,依据步骤循序渐进
- 学会分享发布,瞄准目标,一步到位

## 11.1 前期拍摄，精心筹划视频进程

各种短视频平台都拥有庞大的短视频数量，其中有播放量、点赞量、评论量"三高"的优质短视频，也有一部分短视频不被用户喜爱。制作者要想制作"三高"的优质短视频，就要从前期的拍摄开始，做好拍摄的工作。本节将以风景类的短视频为例，详细介绍拍摄前的案头工作以及后期处理的相关流程。

### 11.1.1 拍前准备，一应俱全，不慌不乱

以手机摄影《春夏秋冬》短视频为例。摄制者使用的器材是华为手机，如图 11-1 所示，这款手机最大的特点就是摄影摄像的多种模式，后置摄像头拥有强大的三摄系统，拍照支持 5 倍光学变焦和 10 倍混合变焦以及 50 倍数字变焦，并且支持高像素模式、超大广角模式、大光圈虚化模式、超级夜景模式等。

图 11-1　华为手机

此外，摄制者还需要明确拍摄所需的素材，由于拍摄主题为春夏秋冬四季，因此要选择在一年的不同时间、不同场景下进行拍摄，从而体现四季的更迭、颜色的变化、场景的切换。其次，还需要明确后期制作所需的软件，此处使用常见的视频剪辑制作软件 Pr。

制作完成的短视频效果如图 11-2 所示。

图 11-2　短视频预览效果

## 11.1.2 具体拍法，构图场景面面俱到

由于此短视频的主题为"春夏秋冬"，所以在拍摄的具体构图、具体角度上都有讲究。

如图 11-3 所示，在拍摄"秋"的构图时，利用多根直线形成鲜明的斜线构图法，使画面具有立体感和纵深感。在选择场景时，摄制者结合秋天的特点，选择渐变的黄色树叶和平静的河面进行拍摄，水中的倒影和立体的纵深感形成了一幅唯美的秋季景象。

图 11-3 斜线构图"秋"

如图 11-4 所示，图片拍摄于夏季，左侧为一望无际的蓝色海洋，而右侧为重峦叠嶂的山脉，构图采用左右对称的手法，体现出海与山的关系。图片色彩饱和度较高，左右对称构图使其色彩更具有对比冲击感。

图 11-4 对称构图"夏"

## ▶ 11.2 后期处理，依据步骤循序渐进

《春夏秋冬》短视频的后期处理较为关键，首先将素材导入 Pr，然后添加背景视频和相关图片，再通过叠加不同的动画效果和字幕以及背景音乐完成后期的全部制作流程。

### 11.2.1 导入素材，关键环节必不可少

首先，需要先将素材导入 Pr 的素材库，以便之后的制作。在 Pr 主界面左下角，就是可供用户导入素材的项目

素材库。

创作者将鼠标移动至"导出媒体以开始"处,右击后选择"新建素材库"选项,如图 11-5 所示,项目框图中就会出现一个新的"素材库"文件夹,创作者可以根据视频的主题、名称及个人喜好对该"素材库"进行命名(新建的"素材库"为"春夏秋冬"),如图 11-6 所示。

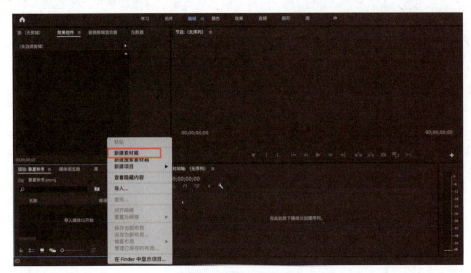

图 11-5　新建"素材库"

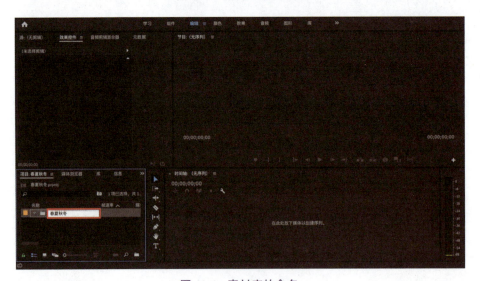

图 11-6　素材库的命名

打开新创建的"春夏秋冬"文件夹,同样将鼠标移动至项目框图内,右击后选择"导入"选项,如图 11-7 所示,即可跳转至图 11-8 所示的选择视频素材界面。

此时选择一款光线粒子视频作为"春夏秋冬"的视频背景,选择该视频素材后,单击界面右下角的"导入"按钮即可将视频素材导入选择的素材库。

在导入视频素材后,创作者可以使用同样的方法进行图片素材的导入。在选择素材导入界面中,选择需要导入的"春""夏""秋""冬"四个图片素材,再单击界面右下角的"导入"按钮,即可完成图片素材的导入,如图 11-9 所示。

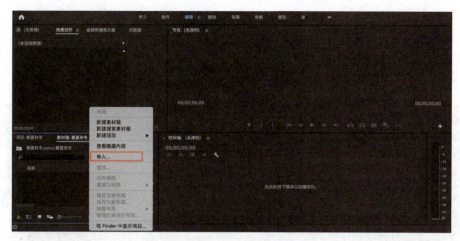

图 11-7 导入视频素材

图 11-8 选择需要导入的视频素材

图 11-9 选择需要导入的图片素材

## 11.2.2 背景动画，丰富视效打动人心

导入视频和图片素材后，创作者需要将背景视频文件添加到视频轨道中，如图11-10所示。该素材的尺寸符合16∶9的需求，为蓝色星空样式。

图 11-10　添加视频素材至轨道

## 11.2.3 片头特效，让人眼花缭乱，惹人注目

在使用Pr制作视频的过程中，可以添加动画特效为视频的片头增添观看性。将时间轴滑动到00:00:00:00处，再将图像"春夏秋冬.png"添加至覆叠轨中，如图11-11所示。在预览窗口中调整图像素材的大小和位置。

图 11-11　调整时间轴和图像大小

为了使片头更具有趣味性,可增加一段缩放动画效果,使"春夏秋冬"字样的图片由小至大出现在观众眼前。首先选择左上角"效果控件"面板下的"缩放"选项,在时间为 00:00:00:00 时,单击"缩放"选项前的"时钟"按钮,再将缩放比例调整至 0,如图 11-12 所示。接下来,再将时间调整为 00:00:03:00,再次调整缩放比例为 80。此时就完成了一个 3 秒的小动画,在这个动画过程中,图片"春夏秋冬"由小变大(0~80%),这样的片头会更加引人注目。

图 11-12　缩放比例调整至 0

图 11-13　缩放比例调整至 80%

## 11.2.4　覆叠画面,绝佳搭配,天衣无缝

制作短视频的主体内容,先将视频中所需的图像素材从 00:00:03:00 开始按照"春夏秋冬"的顺序依次拖进覆叠轨道,如图 11-14 所示。图像素材按序排列后,在左侧的效果控件里调整缩放比例,使图片适配视频并留有余地再

在后续添加字幕，对四张图依次完成本操作，如图11-15所示。

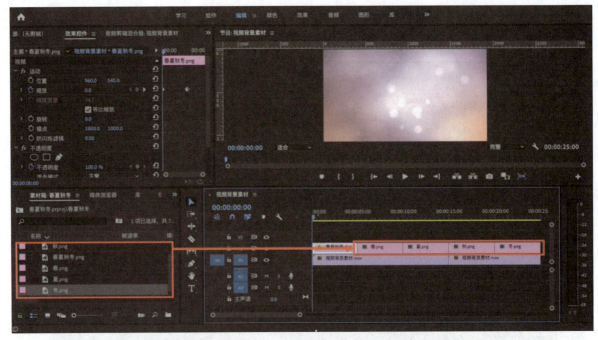

图11-14  按照"春夏秋冬"的顺序将图像素材依次拖进覆叠轨道

图11-15  调整缩放比例

其次，为每张图片设置其适合的出场方式，单击主界面上方的"效果"按钮，选择界面右侧出现的"效果"中的"视频过渡"选项，为了让图片素材间的转换更为自然，选择"溶解"效果中的"叠加溶解"选项，使其过渡不生硬，并且将过渡时间调整至2秒，如图11-16所示。

单击"叠加溶解"将其拖动至素材与素材之间，如图 11-17 所示，衔接部分既为上一图像的消失，又为下一图像的出现。增加此效果可使画面绝佳搭配、天衣无缝，将此步骤依次运用在每一个衔接处，并且在最后一场图片的结尾添加"黑场过渡"效果，如图 11-18 所示。

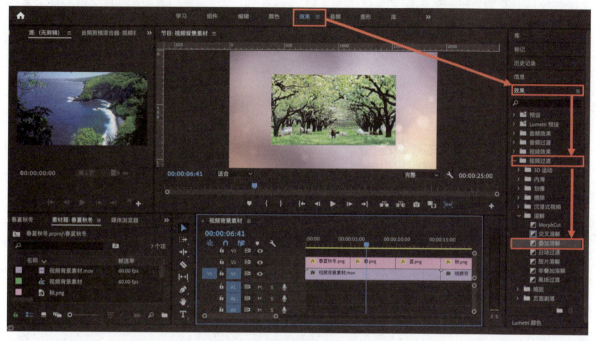

图 11-16　选择"叠加溶解"效果

图 11-17　添加"叠加溶解"效果

图 11-18 在每一个衔接处加入过渡效果

### 11.2.5 字幕效果,传情达意不在话下

单击 Pr 界面中间下方的 T 按钮,此按钮为文字工具,单击后可以在预览界面中框选想要添加字幕的位置,并输入想要的文本内容。此处输入了一句描述春天的诗句"好雨知时节,当春乃发生",在左边的"文本"面板中可以选择字体的类型、大小以及颜色等参数,如图 11-19 所示。最后还需要在界面右下角的时间轨道中调整字幕出现的时间,调整合适即可。

图 11-19 添加字幕

按照以上步骤,依次为每一个图片素材配上对应的诗句字幕,并为字幕也添加上相应的过渡效果,使得字幕与视频可以同时切换,达到协调统一,如图 11-20 所示。

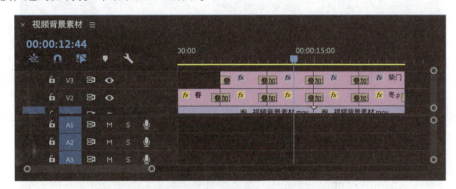

图 11-20　为每张图片添加字幕并设置过渡效果

## 11.2.6　背景音效,魅力大增,回味无穷

在 Pr 主界面中,通过 11.2.1 节介绍的导入素材的方法,同样可以导入音频素材。在将音乐素材导入至"素材库"后,将其拖入时间轨道,制作成背景音乐,并拖动音乐素材的两端,使其音频时长与视频对应,如图 11-21 所示。

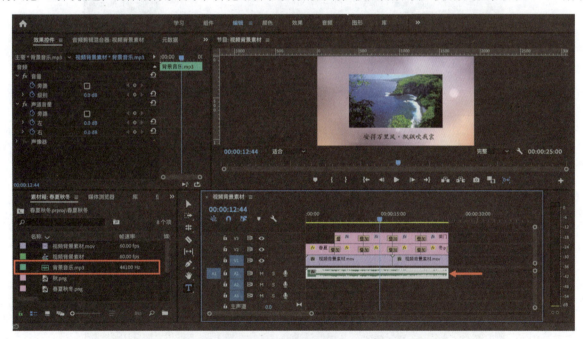

图 11-21　添加背景音乐

在添加背景音乐后,还需要为音乐添加"淡入淡出"的效果。首先在时间轨中选择 00:00:00:00 处,再在左侧的"音频"面板中滑动"音量级别"滑块至"−∞"的位置,如图 11-22 所示。再选择时间为 00:00:03:00 的位置,并将"音量级别"调整为"0.0dB",这样就完成了"淡入"的效果,如图 11-23 所示。

接下来继续完成"淡出"效果,首先在时间轨中选择 00:00:22:00 处,再单击左侧"音频"面板中"音量级别"右侧的小圆点添加关键帧,如图 11-24 所示。再选择时间为 00:00:25:00 的位置,并将"音量级别"调整为"−∞",这样就完成了"淡出"的效果,如图 11-25 所示。

图 11-22　调整音量级别为"-∞"

图 11-23　调整音量级别为"0.0dB"

图 11-24　添加"音量级别"的关键帧

图 11-25　调整结尾的音量级别为"–∞"

## 11.3　发布分享，瞄准目标，一步到位

制作短视频的工序已经完成，接下来要对其进行保存、分享和发布。首先将短视频从 Pr 中导出，接着将视频分享至今日头条客户端。

### 11.3.1　渲染输出，格式大小不可忽视

首先在 Pr 主界面中选择"文件"—"导出"—"媒体"选项（图 11-26），即可跳转至图 11-27 所示的"导出设置"界面。在这个界面中，创作者可以选择导出视频的格式、名称以及其他相关参数。

图 11-26　选择媒体选项

本案例在格式上选择了 H.264 格式，该格式是国际标准化组织（ISO）和国际电信联盟（ITU）共同提出的继 MPEG-4 之后的新一代数字视频压缩格式，与其他现有的视频编码标准相比，它在相同的带宽下可以提供更加优秀的图像质量。接着在右下角的"视频"面板中调整比特率设置，设置"比特率编码"为"VBR，1 次"，并设置"目

标比特率（Mbps）"为"10次"。此时可以看到下方的"估计文件大小"为30MB，文件大小合适，即可单击"导出"按钮开始导出。

图 11-27　选择导出视频的参数

### 11.3.2　上传分享，宣传推广精彩视频

渲染完成后，视频已经保存在相应的文件夹中了。接下来登录今日头条官网主页，对其进行分享发布，如图 11-28 所示。在今日头条首页右上方单击"发布"按钮，如图 11-28 所示。

图 11-28　今日头条首页

之后即可跳转至图 11-29 所示的今日头条个人页面，再单击左侧的"视频"按钮，选择发布的内容为视频类型，即可跳转至图 11-30 所示的选择视频页面。

图 11-29　选择视频类上传

图 11-30　选择需要上传的视频

选择视频页面，选择需要上传的视频后，页面将跳转至图 11-31 所示的视频基本信息编辑页面。在该页面中，创作者可以自行根据视频内容及主题编辑该视频的相关标题和封面。单击封面，创作者可以选择上传视频中的任意一帧作为该视频的封面，笔者选择了"春夏秋冬"最有代表性的开场动画截图作为视频封面。随后即可单击页面右下角的"发布"按钮，完成今日头条短视频的发布。

图 11-31　编辑文案及封面并发布

# 第 12 章
# 淘宝平台,《手腕爱恋》绽放手腕光芒

////////////

### 知识导读

4G 和移动终端的普及使短视频从一种影像传播的形态逐步转变为一种生活方式,5G 技术将使打开视频像 4G 时代打开图片一样快速,更多的普通网民可以参与内容创作,短视频将成为内容传播的绝对主力。随着 5G 时代的到来,短视频或迎来新一轮的暴发。"短视频 + 电商"将成为新一轮的风口。淘宝、京东、微店等各大电商平台都推出了短视频的营销形式。在首页、详情页等页面中插入了关于商品的短视频,让用户可以更直观地认识到商品的特点,给用户带来最直观的产品演示,帮助目标用户快速选择商品,最终达成交易。

### 学习目标

- 充分准备前期拍摄工作
- 学习后期制作的流程和效果,打造应用
- 实践导出要求及上传分享

## 12.1 前期拍摄,准备充分,胸有成竹

短视频是新媒体常用的一种营销推广形式,尤其是对于淘宝、天猫、京东等电商平台来说,短视频广告不但可以更好地展现产品、促进销售,还可以分享到朋友圈、今日头条、优酷等平台上,为店铺或商品引流。在具体的电商短视频的拍摄中,有很多值得注意的细节。

### 12.1.1 拍前准备,硬件软件缺一不可

在电商平台的产品拍摄过程中,根据商家对产品短视频的要求和预算,要准备相应的拍摄硬件和软件。在短视频质量要求高、预算充足的情况下,选择专业的设备和拍摄制作团队更容易达到理想效果。对初创型的自营商家,可降低短视频的质量标准,以满足预算要求。本章以初创型的自营商家为例,展示低预算情况下如何完成短视频制作。

(1)脚本构思。从以下几点筛选出最突出的产品特点:品牌、款式、功能、效果、材质、赠品、颜色、工艺、产品技术、使用方法、买家秀、配件、使用方法、售后、包装、快递等。结合产品的需求痛点和竞品分析,罗列出产品特点的表现形式。以手链为例,在电商平台搜索"手链",搜索结果中可以看到竞品各自强调的卖点:有"情人节礼物""24K 金足金""专柜代购""纪念日礼物"等(图 12-1)。针对这些卖点,可以整理一个表格进行对比(表 12-1)。

图 12-1　产品案例

表 12-1　产品卖点对比

| 竞品主图卖点 | 自营产品卖点 | 客 户 疑 问 |
|---|---|---|
| 情人节礼物 | 联名款 | 有质量保证吗? |
| 24K 金足金 | 999 纯银 | 不喜欢怎么办? |
| 专柜代购 | 原创设计 | 包装是否精美? |
| 纪念日礼物 | 私人订制 | 日常怎样维护? |
| 韩版简约 | 手工制作 | 会不会撞款? |
| 手工打造 | 无忧购物 | 包邮送运费险? |

通过这个表格,制作者可以知道主图视频需要讲解哪些卖点。总结一下就是自营产品独特的功能和效果:"原创设计""999 纯银""无忧购物"。突出差异化的购买理由,视频展示"999 纯银""手工制作""私人订制"。将以上的卖点压缩到头图视频里,让买家看完视频后就有下单的欲望。

(2)拍摄硬件。根据预算准备硬件设备,入门级微单和主流手机都具备千万级像素,均能满足电商网页和移动端的传播(图 12-2)。其次,稳定器或三脚架必不可少,影像拍摄"稳"非常重要,特别是视频最注重稳定。再者,

摄影就是光的艺术，这一点在视频拍摄上一样通用，在灯光到位的情况下，即使用手机拍摄，也会获得不错的视觉效果。一般来说，需要配备 3 盏以上的补光灯，以满足拍摄需求。如果没有补光灯，则要合理利用自然光，调整被摄物受光位置也是可以的。最后，纯净的背景可以让画面显得清新干净，也利于后期抠图制作，尽可能选用单色背景或虚化背景。模特或道具也要能让产品特点突出展示，合理的利用将会增光添彩。影像拍摄是减法艺术，要做到正确曝光、合理构图、焦点准确清晰、突出产品特点。拍摄时要注意艺术与技法结合，以及拍摄能力的勤学苦练、日积月累。

图 12-2　拍摄硬件

（3）后期软件（图 12-3）。目前电商平台对图片和视频的处理以 PC 为主，但手机也可以实现。手机应用简单易学、快速便捷，更具有拍摄模板和内置素材库，适合准备入行的卖家。而 PC 软件功能强大、质量优越、效果丰富，更适合具备计算机基础，能够熟练操作软件的人群。无论是手机还是 PC，都要按电商平台的制作标准执行影像编辑。目前，影像剪辑的 App 有快手旗下的短视频工具"快影"、朋友圈短视频的"趣推"、抖音旗下的剪辑应用"剪映"等，此类手机 App 都具有分割、删除视频，添加字幕、特效、配乐等功能，也可套用模板，实现自动剪辑合成、一键分享等，便捷实用。PC 软件的自由度更高，可以自由发挥，以更好地实现创意与想法，提高影片质量。例如，Adobe 旗下的 Ps、Pr、Ae，会声会影，爱剪辑，等等。专业的剪辑软件满足了采集、剪辑、调色、字幕添加、音频美化、输出等复杂的制作要求，但对使用也有更高的要求。

图 12-3　后期软件案例

### 12.1.2　具体拍法，细枝末节都应重视

拍摄短视频的具体过程中，切不可操之过急，看到拍摄对象就直接开拍。需要根据拍摄对象进行构思，可以采用之前提到的脚本构思方法，灵活运用之前学习的构图方式，突出产品的特点和差异化等购买理由。合理的运用拍摄技巧（推、拉、摇、跟、升、降），也可利用辅助器材小滑轨、稳定器保证效果，还需要注意使用灯光表现出物体轮廓、层次、对比等。关于拍摄技巧与方式，需要勤加练习，融会贯通，才能拍出高水准的视频。

以手链短视频为例，视频画面就采用旋转、景深、大小对比等多种不同的构图方法，主要的构图方法在前面的章节中已经阐述过了，但是具体怎么用还没有详细讲过，接下来的内容中将会讲到。

首先来看图 12-4 所示的画面，它采用的是俯视、全景及圆形构图，通过瓷器呈现，能够比较全面地展示出手链的整体面貌，让观看者能够想象到自己佩戴它的效果。

采用全景构图的拍摄方式的目的是突出手链的整体工艺细节，如典雅光洁的紫水晶、手工打磨的银饰祥云球、圆润光滑的黄珠等。画面圆形元素传递了一种整体感，相互呼应。

再来看图 12-5 所示的画面，此处运用的是浅景深构图的拍法，近处清晰凸显银饰祥云球，虚化远处的布景，层次分明，主题明显。而突出部分的正是手链细节特征，放大优点，吸引人们的注意力。

图 12-4 产品案例（1）

图 12-5 产品案例（2）

构图是影像拍摄过程中必不可少的重点，也是创新立意的必备技巧。只有根据拍摄方案和脚本构思确立拍摄构图，运用正确的构图方法，才能将影像视频拍得更好。

## ▶ 12.2 后期制作，精心孕育，大有可为

拍摄好影像视频，也仅是成功了一半，因为原片是无法直接呈现给观众观看的。视频想要精彩，离不开恰当的剪辑、合适的配乐、适当的字幕以及精彩的特效。后期制作是一个细致工作，也是短视频制作中必不可少的环节，有为视频锦上添花的作用。

特别是对于在淘宝等电商平台上展示的短视频而言，电商短视频营销推广的优点在于能让顾客在最短的时间内了解产品的特点。目前，不管是主图、详情页、微淘还是宝贝评价，其中都出现了短视频，而短视频可以更好地表达产品的卖点，而且有些很难用图文页面描述的特征，利用短视频可以更好地呈现给买家。所以，电商运营的视频化是一个必然的趋势，而这种视频让转化率提升了很多。

产品在视频里表达的点应该是买家最关心的点，即产品最强的卖点，是卖家向买家解释的点，所以后期制作就是精挑细选、仔细斟酌的过程。现以手链短视频为例，具体介绍在 Pr 中处理短视频的过程。

### 12.2.1 导入视频，丰富素材，打好基础

随着 5G 时代的来临，视频传输的技术壁垒将不复存在，短视频能否清晰地传达产品卖点并对这一特点进行放大，是后期制作的重点。传统的静态图片已经无法满足需求，而短视频营销终将成为产品展示的趋势。通过将图片、文字转化为短视频，可以带来更好的视觉与听觉刺激，达成营销效果。

为了实现这一目标，就必须掌握制作的方法。下面以手链短视频为例，介绍产品短视频的制作方法和技巧。

（1）新建项目，如图 12-6 所示，新建项目，选择存储位置并根据项目命名。

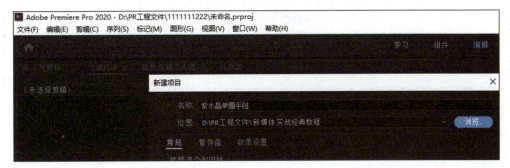
图 12-6 新建项目

（2）新建序列，如图12-7所示，新建序列，设置自定义编辑模式，时基25帧/秒，帧大小为720以上，满足16∶9、1∶1、3∶4要求，时长为1分钟以内(建议9~30秒)。图文视频可参考图文描述要求，如图12-8所示。

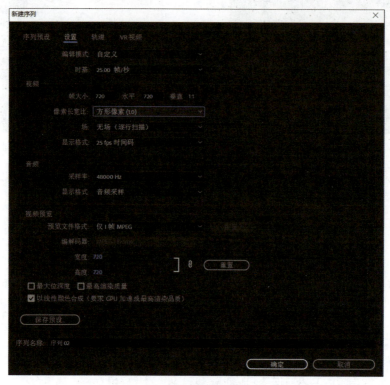

图12-7　新建序列

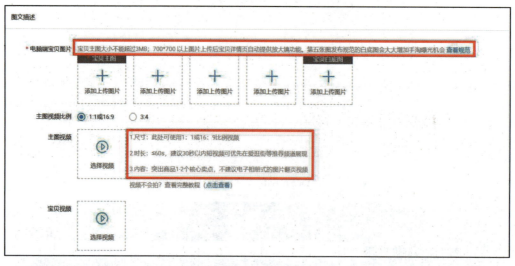

图12-8　添加图片

（3）导入素材，如图12-9所示，在文件存储位置选择素材并打开，将素材导入项目。

（4）将素材导入序列，如图12-10所示，将素材拖入序列轨道或者双击素材，进入源面板，使用出点入点插入或者覆盖到序列轨道。

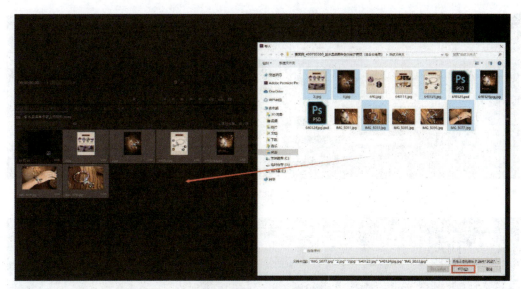

图 12-9 导入素材

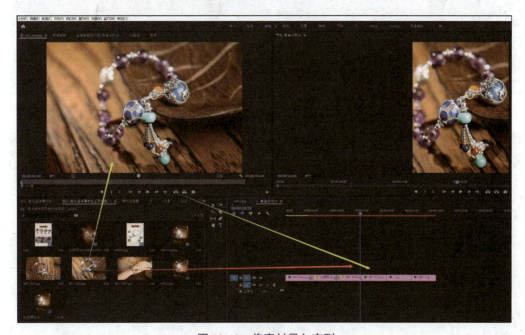

图 12-10 将素材导入序列

### 12.2.2 背景画面，作为配角陪衬主体

（1）编辑序列。根据脚本，明确重点，凸显要点。使用选择工具，如图 12-11 所示，确定素材在序列轨道中的先后顺序。使用剃刀工具调整素材时长，如图 12-12 所示。使用效果空间面板，如图 12-13 所示，调整素材位置，使用滑块调整尺寸大小。

（2）编辑效果。根据素材衔接，适用过渡效果，如图 12-14 所示，选择效果面板、视频过渡溶解选项、交叉溶解、叠加溶解等效果，效果不宜过多，适宜即可。根据素材内容，选择其他相符的效果，参数和效果如图 12-15 所示。画面效果能营造整体氛围，带给观看者美的视觉享受。

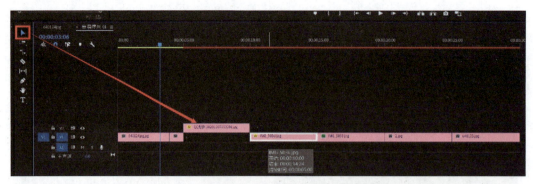

图 12-11　编辑序列（1）

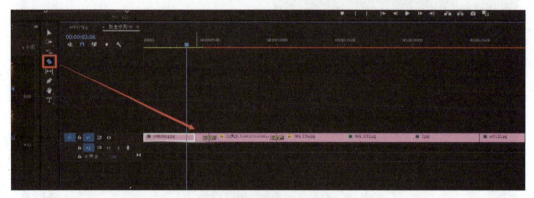

图 12-12　编辑序列（2）

图 12-13　编辑序列（3）

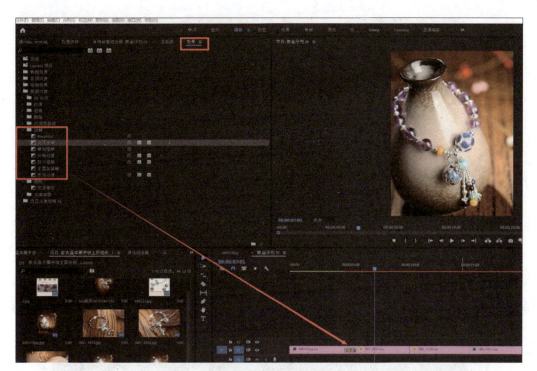

图 12-14　编辑效果（1）

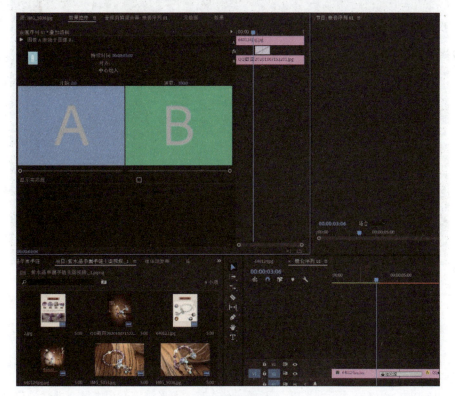

图 12-15　编辑效果（2）

（3）节目预览。单击"播放"按钮，预览制作的视频效果，如图 12-16 所示。

图 12-16 节目预览

### 12.2.3 画中画，朦胧效果增强画面感

如图 12-17 所示，为了突出主题，可以添加光效图层，调节混合模式为叠加，不透明度为 36%，以增强画面层次，强调主题。

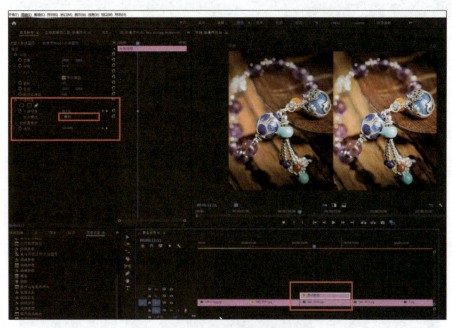

图 12-17 朦胧效果

### 12.2.4 片头字幕，第一印象至关重要

受限于屏幕的尺寸和阅读的习惯，在移动端视频的片头添加字幕动画效果可以使视频主题明确，信息传达更直观。Pr 的字幕设计有很多方式，比较常用的是添加模板字幕动画和关键帧动画图片字幕。

（1）模板字幕动画，如图 12-18 所示，切换图形模式，在基本图形浏览选项中挑选合适的字幕动画效果，并拖入轨道素材上方。进入效果控件或者编辑选项，调节源文本字体、对齐方式、字符间距、填充颜色等选项，使其符合视频素材要求。

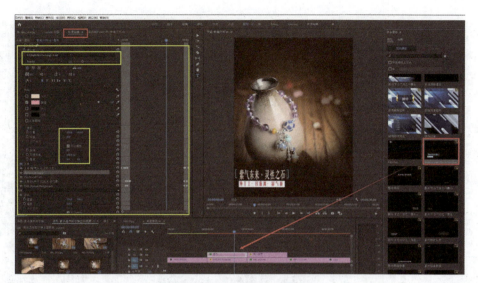

图 12-18 模板字幕动画

（2）关键帧动画图片字幕，如图 12-19 所示，在 Pr 中设计好字幕的版式，存储为带有透明通道的图片，拖入轨道素材上方。进入效果选项，选择视频过渡—擦除—渐变擦除效果，也可选择其他效果进行应用。

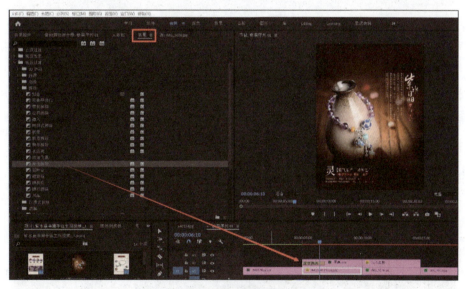

图 12-19 关键帧动画图片字幕

（3）添加字幕，如图 12-20 所示，用同样的方法为轨道中的其他素材执行同样的字幕制作操作，然后更改字幕的文本内容和区间长度，在预览窗口中调整字幕的摆放位置，制作完成后，单击"播放"按钮，预览字幕动画效果。

### 12.2.5 背景音效，声声动人，融入场景

如图 12-21 所示，进入音频工作模式，为短视频添加背景音频文件。将音频文件拖入 A 轨道，或者在源监视窗口使用出点入点插入或者覆盖到 A 轨道。根据视频素材的长度，使用波纹编辑工具调节音频的长度，在音频的入点和出点应用淡入淡出效果可以增加音频的协调性，通过音频剪辑混合调节音频的声音大小，调节参考为音波冲击黄色区域即可。

125

图 12-20 添加字幕

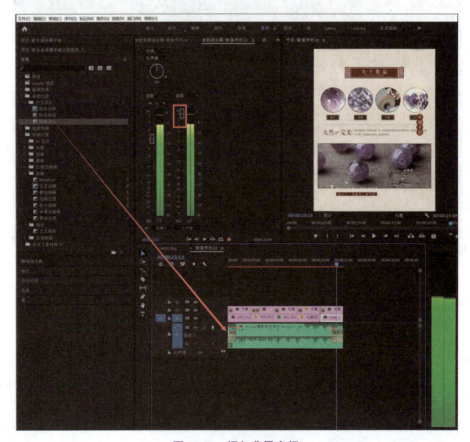

图 12-21 添加背景音频

## 12.3 发布分享,曝光效果,扩大影响

使用 Pr 制作短视频还是比较简单的,熟练掌握以后,制作效果和速度都能快速提升,而且 Adobe 旗下的 Photoshop 和 Lightroom 也是专业的图片处理软件,After Effects 是专业的特效制作软件,它们之间的兼容比较好,彼此配合就能提高短视频的制作水准。

### 12.3.1 导出保存,画质清晰才是重点

短视频的保存虽然看上去很简单,但依然要注意编码格式、存储位置、码率大小,这样才能保证画质清晰,压缩码率恰当。

(1)项目管理,如图 12-22 所示,Pr 保存的图标仅仅是快捷方式,还需要和素材文件配合。很多初学者在制作之前没有进行素材整理,容易造成素材移位或链接丢失。面对这样的情况,除了重新链接素材以外,还可以进行项目管理,打包存储整体素材及工程文件。

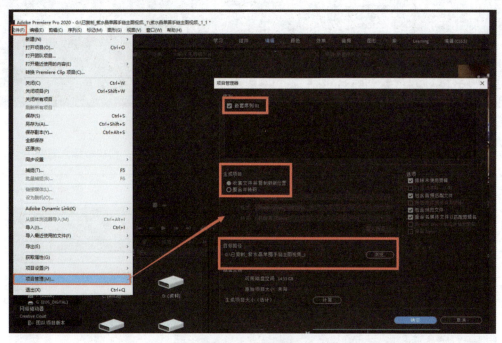

图 12-22 项目管理

(2)保存导出,如图 12-23 所示,选择格式 H.264—输出名称为文件名—选择存储位置—设置视频—设置比特率—根据估计文件大小调整比特率大小,输出文件须小于 20MB。单击"导出"按钮即可渲染输出,渲染的时间一般大于视频的时长。

### 12.3.2 上传分享,一丝不苟,步步为营

以在淘宝电商平台发布为例,需要制作好短视频导出至本地,并上传平台,然后在发布产品时直接调用。虽然每个电商平台的上传规则有些不一样,但都有一些共同的特征,只要牢记要求,在拍摄、剪辑制作过程尽量避免错误,就能发布成功。下面以淘宝短视频上传为例做介绍。

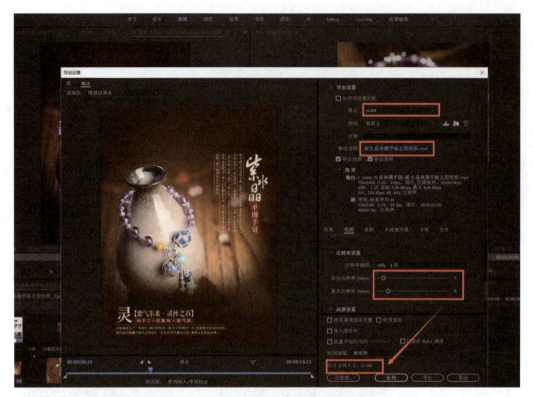

图 12-23　保存导出

（1）上传分享。图 12-24 所示为淘宝官网，单击页面右上方的"登录"按钮，扫码或输入账号登录。

图 12-24　淘宝官网

（2）编辑内容。图 12-25 所示为千牛卖家工作台，可以选择发布宝贝。
（3）编辑内容。图 12-26 所示为按提示填写宝贝信息，要尽量符合产品的特点和定位。

图 12-25　千牛卖家工作台

图 12-26　填写宝贝信息

（4）编辑内容。图12-27所示为按提示填写宝贝名称，名称非常关键，既要让买家能搜索到，又要能吸引买家点击宝贝。根据商品定位和特点梳理关键字，当买家输入关键词搜索时，只有宝贝名称里包含卖家输入的关键字，商品才有可能被搜索到。同时必须控制在60个字符以内（不能超过30个汉字），否则会影响发布。

（5）图文描述。很多销量不错的淘宝网店的宝贝描述都有一个共同的特点，那就是内容简洁，卖点突出，版面清爽有条理，图文视频并茂相互辉映。图文描述可以归纳为性能演示、排序列表和优劣对比，以及售后政策、证书支撑等。

值得注意的是，在淘宝平台上发布短视频相对比较复杂，限制也多，但这对于淘宝店家来说是不可缺少的一个环节，同时也是所有商家必须应对的问题。要熟悉《上传服务协议》，确保上传的短视频符合相应的条件，才能快速通过审核。

（6）发布上新。视频通过审核后，进入发布宝贝的页面，单击"主图视频"按钮，进入"视频中心"，确认已经上传的视频通过审核后，即可上传视频至宝贝页面中。图12-28所示为短视频上传至宝贝页面中的效果，也就是买家购物时常常看到的商品展示视频。

图 12-27　编辑宝贝内容

图 12-28　发布上新

当买家进入商品首页时，短视频就会自动播放，展示出商品的特色，迅速帮助买家获得商品的信息，快速了解商品的特点，让买家更容易产生购买商品的欲望。短视频也将随着电商的发展壮大进一步升级为多维度电商视频，从而适应跨界电商。

# 第 13 章
# 手机微商，《完美肌肤，自由畅享》彰新意

### 知识导读

随着互联网的普及和成熟，消费者对基于互联网的内容消费和网络社交需求不断增大，消费习惯逐渐成熟，传统的文字和图片形式已经不能满足当下的用户需求，视频成为用户更加偏好的内容传播方式。原因主要有：①内容丰富化，相比于图文形式，短视频的影音信息承载量更大，可以传达更加丰富的内容；②表达个性化，短视频能够在更大程度上满足用户表达自我的需求，全面而生动地展示用户希望传达的信息；③形式互动化，短视频在形式上的互动性更强，能够更加促进用户的社交欲望和社交需求。这些正符合微商的需求，从而带来更多精准的粉丝，给微商带来了新的营销方式，主阵地朋友圈也是短视频的战场，直观传递信息，更容易让观看者信服。

### 学习目标

- 精细前期拍摄，准备有序，井井有条
- 学习后期处理，认真细致，大放光彩
- 完成发布分享，一鼓作气进行推广

## 13.1 前期拍摄，准备有序，井井有条

文字或图片是无法调动情绪的，而短视频能够调动观看者的情绪，因为观看一则短视频看到的是立体的表现，情绪也会有起伏，情绪的化学反应能够展现出来。短视频的发展之迅猛令很多人难以想象，不仅突破了文字和图片的局限性，也适应了人们的阅读习惯，碎片化且垂直。短视频的入门门槛非常低，朋友圈等社交平台上的短视频随处可见。

仔细观察后可以发现，爆款视频的背后往往有长时间的积累，厚积薄发。制作者要做好短视频，先要多看，而不是先多拍，要多做总结，上几百万点赞的视频内容是千锤百炼的精细活，因此拿起手机要先观看、后思考。

### 13.1.1 拍前准备，事无巨细，安排妥当

以拍摄护肤品的短视频为例，在拍摄之前，先看看摄制者是如何找出差异化、增加戏剧化的反转思维的。目前，很多短视频平台都可以拍摄同款，在没有更好的选择时，这也是不错的参考。

根据被拍摄者的特点，制作拍摄计划表，表达出特点、差异化、对比性。选择拍摄方式是生活记录、唯美展示还是戏剧反转的幽默搞笑等，做到胸有成竹。

在开拍之前，准备手机或相机、镜头、稳定器、服装道具等拍摄设备。了解拍摄软硬件参数设置，正所谓磨刀不误砍柴工，无论是用手机原生相机、相机还是 App 拍摄，都需要考虑手机、相机本身的特性。

以华为手机为例，相机应用里有许多不同的拍摄模式。这些模式都有自身的特性，大体可分为三类：常规拍摄、自拍模式、专业模式。常规拍摄：打开相机的首界面直接进行的拍摄模式。自拍模式：把摄像头转换为前置摄像头后的拍摄模式。专业模式：可以进行各项拍摄参数设定的拍摄模式，如白平衡、ISO、快门速度、对焦模式、测光模式、曝光补偿等。

打开相机后直接按拍摄键进行的拍摄就是常规的拍摄模式。如果拍摄之前进行相应的设置（图 13-1），就可以提升图片、视频的质量效果。例如，拍摄 RAW 格式的照片，这种格式包含的成像信息非常丰富，可以在后期做很多处理；视频拍摄使用 4K 模式，视频的动态范围、噪点指标等参数也可以得到改善，拍摄的内容和细节会更加丰富。4K 视频在后期制作 1080P 的视频时可以缩放二次构图，且不会丢失画面质量，这也是它最显著的优势。当然，用作普通拍摄记录也有一些缺点：传感器的能耗增加，要求的运算能力、数据带宽更是大为增强，信息存储量大。商业拍摄以画质为先，可以通过更新设备避免这些缺点。

图 13-1 护肤品案例

手机相机的主要模式有大光圈、人像、录像模式和更多，每种模式都有自身的特点。

（1）相机应用向左滑动后进入大光圈拍摄模式，屏幕上会提示"大光圈已开启"，在拍摄界面的右下角（黄框内）也有一个光圈图标，下面还有一个数字，数字代表当前的光圈值。光圈值越小，背景虚化效果越好，这就是大光圈模式的风格。大光圈模式主要用来拍摄花卉、静物、人像等场景，这些场景在拍摄后主体的花朵、小静物、人脸部位都是清晰的，而背景及对焦区域远的地方都会虚化，更能突显主题。

（2）人像美肤模式。成功开启人像模式后，拍摄界面右下方会同时多出两个图标，美颜级别默认是 5，最小值为 0，即为原始图像，最大值为 10，美肤程度最高，可以根据自己的喜好进行调整。对焦拍摄后，美肤拍摄就完成了。

（3）录像模式与摄影不同，录像是连续性拍摄，稳是保证视频效果的基础，可以选择一些辅助工具，如手机支架、云台（有很好的防抖动功能）等帮助制作者更好地完成视频的拍摄。用手机拍摄视频，如果只是单纯的记录，则可以随便拍摄。但要想把视频拍好，就要先构思好情节，选择好素材，拍摄素材后需要剪辑，才能体现出更佳的效果和质量。几个比较实用的剪辑 App 是微视、小影、剪映、爱剪辑等。

手机还有很多功能（图 13-2），隐藏在"更多"选项中。例如，专业、慢动作、夜景、全景、延时摄影、滤镜等模式，而这些模式普通人很少用到。作为手机微商，想要让图片、视频质量、效果丰富起来，更应该经常使用这些模式。

图 13-2　多种效果展示

手机原生相机的功能介绍如下。

（1）专业模式可以手动控制曝光，三要素为光圈、快门、感光度（ISO）参数。由于手机的镜头一般都采用恒定光圈，因此只能通过切换镜头达到改变光圈的目的。

（2）全景模式突破了手机镜头的物理限制，可以拍出远超镜头视角的照片。这是手机摄影的又一利器，适当使用能取得非常不错的效果。全景模式操作起来非常简单：按照屏幕的提示，按下快门并向右缓慢移动，移动过程中要注意画面中间的实时效果右侧的白色箭头，务必保持沿黄色的水平线移动。巧用全景可以拍摄出多重曝光、穿墙、错位等特技效果。

（3）流光快门类似于慢门拍摄，可以拍摄光影动态效果，记录运动物体、光线的轨迹。流光快门操作使用简单，选择相应模式，按下"拍摄"键即可开始，画面会实时展现在手机屏幕上，一旦达到想要的效果，按下屏幕下方的停止键即可。流光快门最大的好处就是多长时间的曝光都不会过曝。

（4）延时摄影是一种将时间压缩的拍摄技术，它拍摄的是一组照片，后期通过照片串联，把几分钟、几小时甚至几天几年的过程压缩在一个较短的时间内，以视频的方式播放。例如，拍摄城市风光、日落、云卷云舒等缓慢的过程，用延时摄影就会看到平时无法看到的精彩效果。

（5）滤镜模式的主要作用就是使拍摄出来的相片色彩更加丰富，滤镜会给照片带来高品质的效果。还可以通过选择滤镜的效果调整滤镜强度，自由掌握照片的效果。在数码时代，滤镜功能在一定程度上起到了胶片时代"暗房"

和后期数码调色的作用，在前期或者后期直接选择滤镜功能，就能轻松得到各种高水准的画面。

以上都是手机原生相机具有的功能，灵活运用可以拍摄出不一样的效果。硬件只是影像拍摄中的一部分，更多的还需自己的构图、立意。生活并不缺少美，只是缺少发现美的眼睛。

### 13.1.2 具体拍法，构图角度谨慎考虑

关于构图，网上的教程和书籍都非常多，一开始不可能全部掌握。初学者可以从理解和实践最常见的构图入手，也可以打开设置里面的辅助线，根据辅助线运用构图方法，绝大多数场合都足以应付。构图是为了突出主题，表达摄影者的思想情感（图13-3）。先构思好短视频的主题、风格、画面，带着剪辑思维去拍摄，能够更好地提高素材的利用率。还可以运用一些运镜技巧，使视频变得流畅炫酷，如平移跟踪、空间瞬移、遮挡镜头转场、变焦镜头定格等。

首先来看图13-4所示的画面，由于化妆品是以女性为主的消费类产品，而女性对于细节和色彩比较敏感，因此拍摄时要全面展示出产品细节、质感和色彩，俯拍构图不仅可以体现出画面的透视感，还使得画面更富纵深感、层次感；运用中心构图和大光圈浅景深效果，浅景深的画面突出主体，有中心明确的感觉，能够有效吸引观众的注意力。

图13-3 突出主题（1）

图13-4 突出主题（2）

在拍摄影像时，运用多种构图、多个角度、多重景别展示出产品的细节，这样才能激发观看者的购买欲望。因此，不管是构图、角度还是景别，都值得构思。

## 13.2 后期处理，认真细致，大放光彩

优质的短视频少不了视频剪辑美化。视频剪辑因为时间短、节奏快，所以文案描述须紧凑合理。这样有利于快速传达视频的信息，触动用户的心灵，引起观看者进一步了解视频背后内容的兴趣，甚至引导用户互动或者让用户把视频看完，提升互动率以及播放完整度。

以微视为例，如图13-5所示，分享剪辑视频的一些方法。初学者应先抓住两点，首先是音乐，除了本身的配音外，还可以添加热门音乐；其次是节奏，俗称卡点，视频转场或爆点应该对应音乐节奏点。场景切换要考虑两段内容之间的关系，巧妙的切换画面会使人眼前一亮，可以引导和调动观看者的情绪；选择合理的转场特效能加快剪辑进度，也能保证视频的质量。另外，制作者可以使用微视自带的视频编辑功能进行编辑制作，使用自动编辑功能可以轻轻松松地产出高质量的视频作品。

### 13.2.1 导入视频，片头正片缺一不可

选择拍摄或者本地上传视频，如图13-5所示，从手机本地里选择需要上传剪辑的作品后，还可以尝试勾选多个视频与照片进行合成剪辑（图13-6）。导入视频时要注意，应用会对比较大的文件进行压缩。

图 13-5 腾讯微视

图 13-6 视频导入

## 13.2.2 画面调节，视觉效果惊艳众人

画面调节实际上就是对视频进行编辑，如图 13-7 所示。分割：添加分割点以调整素材长度，删除不需要的部分。变速：调整素材的播放速度，以配合音乐和画面的节奏。调序：阅览效果，根据剧情和叙述顺序调整素材的先后顺序，以达到更加舒适的视觉效果，使信息传达更加准确，保证视频的质量。

图 13-7 画面调节

### 13.2.3 字幕特效，商品特性一目了然

如图 13-8 所示，微视内置了很多字幕效果，并提供一键式操作。在字幕栏里输出文字内容，然后按选项顺序一步步调整。选择合适的字体、新奇的样式，挑选和素材搭配的颜色，或者直接挑选一款花字应用也可以。字幕在短视频中是思路的引领，是对重点的强调，所以应该文辞简洁、样式颜色醒目，让人一目了然。

图 13-8 字幕特效

根据受众调整字幕风格。例如，案例受众是女生，则适当添加女生风格修饰元素如打卡、少女进行点缀，如图 13-9 所示。这样既能提升视频画面的美感，又能拉近与受众的距离。同时，添加水印可以强调品牌效应和防范盗图。

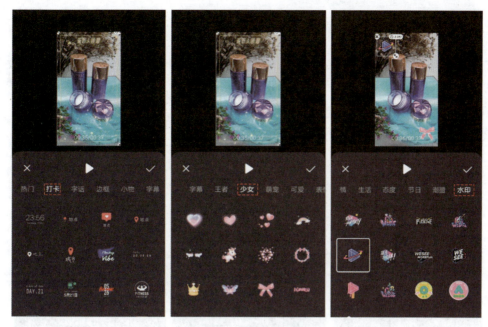

图 13-9 调整字幕风格

### 13.2.4 添加滤镜，助力产品，散发魅力

添加滤镜就是给照片或者视频添加预制调色，如图 13-10 所示。相机和眼睛看到的画面是不一样的，所以要适当调色，让偏差的颜色校正保持一致。然而，滤镜更多的是预制颜色参数，可以通过套用滤镜改变色彩空间。人类情感丰富，用眼睛看世界的时候也是在用心看世界，视频照片能通过画面内容和颜色传递情感，传递内心五彩斑斓的世界，可以让视频更有独特的风格。

图 13-10 添加滤镜

### 13.2.5 变焦转场，吸引观众，目不转睛

添加过渡转场特效动画，丰富视频效果，如图 13-11 所示。微视的转场效果有很多，通过预览效果，首先选择需要添加转场的素材，然后点击选择效果即可预览。

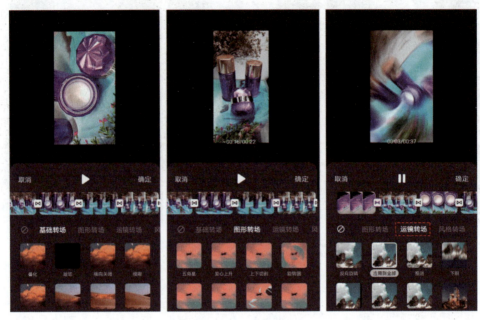

图 13-11 转场特效动画

### 13.2.6 背景音乐，轻而易举，丰富听效

画面是眼睛所见，而声音是耳朵所闻，只有二者协调配合，才是视听盛宴。除了使用视频拍摄时的现场音，还需要添加背景音乐，可以添加热门音乐作为背景音乐，丰富受众的视听体验。许多时候无法使用收录的现场音，就要单独配音。

如图 13-12 所示，微视里面有推荐音乐，也可以使用应用中收藏的音乐，还可以导入其他视频的背景音乐。同时，微视可以将歌词以字幕的形式呈现在视频上。选择合适的音乐对烘托视频氛围至关重要，能提高视频播放量。所以在剪辑视频时，选择容易辨认和记住的旋律更能抓住观众。

### 13.2.7 动画贴纸，适当添加，趣味横生

随着行业的发展，短视频为了更好地吸引用户，接入了动态贴纸 SDK，使萌颜 SDK 更加广泛地应用于各类场景中，丰富了短视频的趣味性。微视动画贴纸既可以在拍摄时使用魔法模式拍摄，也可以在后期制作中添加一些效果，如图 13-13 所示。

动态贴纸依附于先进的人脸追踪技术，并结合了贴纸和人脸的贴合算法，实现了人脸动态贴纸特效。通过识别人脸相应数量的关键点并进行实时追踪，可以自动识别出人的五官和轮廓，动态贴纸就会根据关键点的位置，结合用户选择的贴纸与人脸高效贴合，为用户提供多样的风格。动态贴纸可以给用户提供多元化的视频拍摄方式，以增加视频的乐趣，提升用户的黏性，这对短视频平台来说无疑是一个加分项目，同时对用户来说也是非常重要的。

图 13-12 添加背景音乐

图 13-13 动画贴纸

## ▶ 13.3 发布分享，一鼓作气，针对推广

完成短视频的后期处理之后，就要将其发布分享，这是宣传的重要环节，也是提升曝光度的方式之一。微视可以将短视频一键同步到朋友圈，也可以保存到本地，再上传到各个平台进行发布。发布要注意时机，各个平台的最佳发布时间各不相同。

# 第 14 章
# 变现秘诀

## 知识导读

商业化社会的今天,新媒体营销日新月异。企业和品牌创造新的产品,媒体运营人员利用全新的思维打造新的商业模式。新媒体运营开局的门槛较低,大批量企业、用户纷纷涌入,随着直播平台、短视频平台、在线教育、知识付费等服务平台的升级,各企业之间开始了激烈角逐,无论是企业、品牌还是新媒体运营人员,如果不能紧紧把握时代的脉搏、技术的更迭,就会被大趋势淘汰。如今,新媒体行业呈现出"强者越强、弱者越弱"的局面。企业利用新媒体获取流量和收益的过程,就是变现。

## 学习目标

- 了解电商变现的形式
- 利用第三方广告引流
- 打造个人专属 IP
- 吸引用户进行知识付费
- 学会大咖、明星变现等衍生模式

## 14.1 电商变现，垂直细分，打造盈利堡垒

随着数据采集分析技术的成熟，人们可以根据消费者的消费特征、消费方式、社会文化价值等方面对市场进行精细划分。短视频和电商的结合就属于垂直细分的商业模式，也是变现的一种有效方式。例如，抖音、微视等短视频平台和电商一起合作，为电商吸引流量；还有一些短视频平台开通了电商业务，如"日食记生活馆"小卖部。

### 14.1.1 自营电商，一体化营销，赢得利益

短视频的内容垂直细分得越精细，商业变现就越容易。凭借短小精悍、内容简单有趣、互动强、社交黏度高、操作方便、易上手等特点，短视频更符合碎片化的浏览趋势，可以让用户更直观、更便捷地获取信息，并吸引用户的关注。所以说，"电商+短视频"模式可以引导用户进行消费体验。

例如，自媒体公众号"日食记"最初是以短视频出名的，后来它选择了电商与短视频相结合的模式，用户可直接进入"日食记生活馆"微信小程序购买其推荐的自营商品。"日食记"微信公众号推送的内容以制作美食的短视频为主，并结合图文推荐自营商品，如图 14-1 和图 14-2 所示。

图 14-1 "日食记"微信公众号

图 14-2 "日食记"内容

"日食记"在拍摄食物制作的过程中，对厨具的 logo、食材等进行软性广告植入，增强用户的信任感和接受度，使得用户不仅不会抵触，还可以引导用户消费，具有一定的转化率。

"日食记"不仅将品牌、产品融入短视频，还设置了"做做饭""聊聊天""生活馆"三大板块，尤其是"聊聊天"这一板块，增加与用户的交流，建立情感联系，以便通过"生活馆"中的"小卖部"进行产品销售，如图 14-3 和图 14-4 所示。

除了在微信公众平台推出视频以及产品外，"日食记"还在其他视频平台、短视频平台及社交平台一并推送视频和产品，打造营销矩阵，如图 14-5 所示。

图 14-3 "日食记"小程序　　　　　图 14-4 "日食记"推广的产品

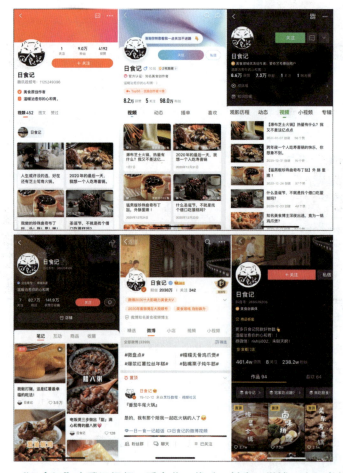

图 14-5 "日食记"在腾讯视频、爱奇艺、优酷、抖音、微博、小红书的主页

再如，自营电商界众所周知的京东、小红书、nice、得物等购物平台也推出了短视频内容，京东在"发现"页面提供 5 分钟左右的短视频内容，围绕着自己平台所销售的产品进行推广。

这种形式可以吸引用户的注意力，让用户更加直观地了解所需的产品，产生消费的念头。这种短视频的方式可以在更大程度上帮助平台变现，如图 14-6 和图 14-7 所示。

图 14-6 京东短视频

图 14-7 小红书短视频

## 14.1.2 第三方店铺，直观化展示，互利共赢

除了自营电商利用短视频变现外，第三方店铺也会使用短视频来吸引用户的注意和赢得用户的信任。例如，淘宝店铺、拼多多的商户等通过短视频获取流量，实现营销的目的。目前，淘宝店铺的短视频有以下三种展示方式。

（1）店铺主页短视频置顶，如图 14-8 和图 14-9 所示，短视频下方会放置产品的购买链接，如果用户产生了购买欲望，就可以直接点击链接进入购买页面。购买链接伴随着短视频的播放同步进行，这种方式可以引导用户产生感官上的同步，并产生消费，达到变现的目的，建立边看边下单的销售模式。

（2）淘宝的微淘动态可以让用户查看关注的店铺、上新的店铺、直播中的店铺等，以短视频的方式展示商品、发布活动等。如图 14-10 所示，BOCCALOOK 淘宝红人店发布动态后，用户可以点击动态下方的进店查看，获取更多"上新"信息。关注店铺的用户点开视频，就可以直接观看视频中展示的产品，视频下方会出现该产品的链接，方便用户直接购买，并且用户可以通过视频下方的评论和点赞进行互动，店主也可以根据动态中的阅读量、评论等获得用户的反馈，如图 14-11 所示。

（3）淘宝首页"猜你喜欢"板块会根据大数据分析技术向用户推荐可能需要的产品的短视频。如图 14-12 所示，淘宝推荐了"雪梨美妆"，感兴趣的用户可以点击播放中的视频，进入完整版短视频的页面，进一步了解短视频中推荐的商品。视频左下方有产品的购买链接，用户也可以通过视频右下角的黄色购物袋图标进入产品详情页进行购买，如图 14-13 所示。

图 14-8　完美日记旗舰店

图 14-9　croxx 旗舰店

图 14-10　BOCCALOOK 淘宝红人店发布的动态

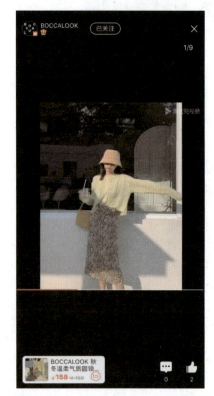
图 14-11　BOCCALOOK 商品短视频

图 14-12　淘宝短视频推荐的"雪梨美妆"

图 14-13　完整版短视频

## 14.2 第三方广告，高效引流，达成变现目标

短视频营利最常见的方式就是利用第三方广告进行引流，这种方式见效快。短视频中有多种广告形式，包括冠名商广告、浮窗Logo、植入式广告、贴片广告及品牌广告等。用户经常可以见到短视频创作者对其视频进行广告植入，这是因为它有两个显著的特点：一是具有较新的创意，二是变现速度快。由于科学技术的进步，利用手机进行短视频拍摄、剪辑、制作已经十分便利，短视频制作的门槛降低，所以无法保证条条视频都是高质量、高水平的。因此，并非所有的短视频都能进行广告植入变现，这就在极大程度上影响了变现的效果。如果想保证效果，一要保证视频质量，二要具备粉丝或人气基础。

### 14.2.1 冠名商广告，直截了当，亮出品牌

冠名商广告是指企业为了提升企业、品牌、产品的知名度和影响力对节目进行赞助的形式。这种广告形式直接且生硬，主要表现形式有以下三种，如图14-14所示。

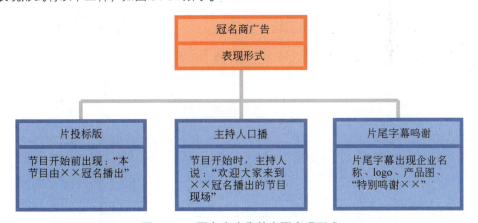

图14-14 冠名商广告的主要表现形式

企业通过冠名短视频的形式，借助符合品牌定位的自媒体人（网红）制作的短视频树立品牌形象，打响知名度，吸引用户。反过来讲，短视频平台或自媒体人（网红）在企业那里得到品牌赞助，秉承着互利互惠原则，实现双方共赢。

### 14.2.2 浮窗Logo，广告效果，利弊兼具

浮窗Logo是一种常见的广告变现形式，又称压屏条广告，也叫创口贴广告。它在播放视频的过程中结合相关剧情，以弹幕的形式对剧情进行调侃，将观众观剧时的情绪表达出来，以吸引追剧人群的注意力，这种广告多出现在网剧、综艺节目中。图14-15所示为电视剧《延禧攻略》中的浮窗广告。

另一种形式是在观众点击暂停键后弹出小窗口，如图14-16所示，爱奇艺播出的生活服务类短片《无际短片》中途暂停后会出现肯德基的浮窗广告，并非在短视频播放过程中出现，保持了短视频的完整性，不影响观看体验。

图14-15 《延禧攻略》中的浮窗广告

图 14-16　视频暂停后出现的浮窗广告

这种浮窗广告有优点，也有缺点。优点是展现时间长，且不会过多地影响观众的视频体验；缺点则是一般放在视频的角落，容易被用户忽略。

### 14.2.3　广告植入，形式多样，创意十足

广告植入就是将短视频创作与广告结合在一起，给观众留下印象，达到营销的目的。在短视频中植入广告，通常情况下有两种表现形式，如图 14-17 所示。

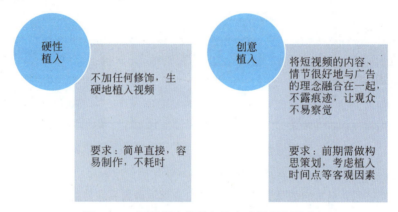

图 14-17　短视频广告植入的方式及制作要求

目前，用户更喜欢具有创意的广告，这一类广告更容易被接受。其实，无论哪一种广告植入，最终目的都是变现。只要能够达到营销的目的，用何种方式都是一样的。在短视频方面，广告植入的方式除了可以从"硬"广和"软"广的角度划分以外，还有台词、剧情、场景、道具、奖品以及音效等植入方式，具体形式如下。

（1）台词植入。短视频中的演员通过读台词的方式直接向用户传递企业的理念、品牌信息、产品特征，使观众得到认同，广告词作为视频的组成部分而存在。

（2）剧情植入。将剧情与广告结合起来。短剧，尤其是连载性的短剧内容备受用户欢迎，或煽情或搞笑的剧情会让用户的沉浸感更加强烈。

（3）场景植入。在视频中通过场景设定触及潜在目标人群，在视频中还原"场景"，可以是餐厅、菜市场、酒店、健身房等与生活贴近的生活场景，吸引观众的注意。

（4）道具植入。让产品以视频中的道具身份现身，通过视频内容，以各种形式将道具表现出来，最终达到宣传的目的。

（5）奖品植入。很多新媒体运营人员或者网红为吸引用户的关注，扩大短视频传播范围，往往会采取送优惠券、

提供奖品或试用品的方式来获取用户的参与度，激励用户参与点赞、评论及转发，同时也可能在视频结尾植入奖品。

（6）音效植入。用音乐、歌词、音效等元素触动用户的听觉系统，暗示用户联想与音乐相关的特定品牌，达到植入广告的目的。

### 14.2.4 贴片广告，紧随内容，优势显著

贴片广告又称随片广告，一般指出现在片头或片尾的一种比较直观的产品或品牌信息广告，通过展示产品或品牌本身来吸引受众。如图14-18所示，选择贴片广告样式整合该平台的优质资源，广告一般出现在视频内容前，以增加产品的曝光度，并通过数据分析，帮助品牌精准锁定相关的视频内容或偏好人群，保证广告有效地接触目标人群。通过这样的方式，可以提升用户对产品或品牌的好感度。

图 14-18　腾讯 App 中的贴片广告

贴片广告之所以比其他形式的广告更被企业青睐，就是因为它的优势，如图14-19所示。

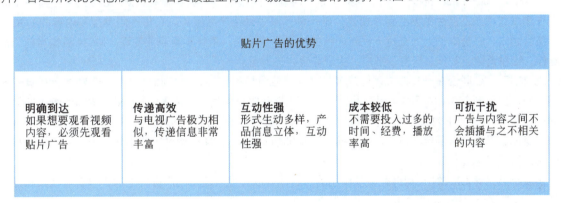

图 14-19　贴片广告的优势

### 14.2.5 品牌广告，量身打造，高效变现

品牌广告以品牌为核心塑造品牌形象，为企业和品牌打造专属的广告。广告内容完全传递企业的品牌文化、服务理念，使产品更接地气。塑造品牌形象是品牌广告最主要的目标。

## 14.3 标签化 IP，人气满满，轻松获取利润

IP（intellectual property，知识产权）已经成为网络上流行的一个词语。现在的 IP 多指人气较高的、可开发利用的文学作品、影视剧作、漫画、游戏等，如《盗墓笔记》《鬼吹灯》《庆余年》《陈情令》等。热门影视剧的 IP 授权遭到疯抢。

另外，网红的衍生产生价值变现，可以利用短视频把某个比较突出的形象打造成一个标签化的 IP。IP 由"性质+身份"两部分组成，标签化 IP 可以衍生价值，如出演电视剧、代言品牌、举办巡回演唱会、售卖 IP 产品等，现在的趋势是明星网红化和网红明星化。

### 14.3.1 直播，粉丝送礼物，直接盈利

随着网络时代的快速发展，在短视频的发展历程中，直播成了主要的变现方式之一。目前，直播变现的方式有以下几种。

（1）打赏。最常见的直播变现模式就是打赏，具体为粉丝付费充值以购买虚拟礼物送给主播，与主播产生互动，平台将礼物转化成虚拟币，主播对虚拟币提现。

（2）带货。主播通过视频直播展示和介绍商品，并帮助用户体验产品，让用户更直观地看到产品，用户可以不受时间和空间的限制购买所需产品。当主播成为标签化 IP 后，品牌方会委托主播通过带货、产品体验、产品测评、工厂参观、实地探店等形式对其产品进行直播宣传，主播会收取一定的推广费用，互动变现。

（3）企业宣传。企业通过直播平台进行发布会直播、招商会直播、展会直播、新品发售直播等多元化的直播服务，打造专属的品牌直播间，帮助企业进行实时宣传。

### 14.3.2 MCN，机构化运营，专业变现

MCN（multi-channel network，多频道网络）是一种新兴的网红经济运作模式。MCN 模式来自国外 YouTube 等平台内容在爆发式增长下产生的网红运作模式，是一种多渠道网络产品服务。它将不同类型和内容的 PGC（专业生产内容）整合起来，在资本的大力支持下保障内容的持续稳定输出，最终实现商业变现。MCN 机构当前已实现服务生态的延伸，提供孵化、制作、运营、推广、变现等全方位服务。

MCN 机构将 PGC 联合在一起形成网红矩阵，使网红成为标签化 IP，单打独斗的个人新媒体运营者在这种局势下竞争力薄弱，因此加入 MCN 机构可以帮助运营者迅速提升短视频的内容质量。MCN 机构的优势也非常明显，一方面帮助内容生产者专注于内容创作，如管理创作内容、进行包装、打造个人标签等；另一方面具有丰富的资源，可以帮助新媒体运营者对接平台、粉丝，强化推广以及推动变现。MCN 机构可以让创作者更专心于内容和创作，不必忧心运营、变现等环节。

由于发展十分迅速，MCN 机构也有了多样化的形式，有以短视频及衍生广告为主的，也有短视频和直播业务并重的；有以直播变现为主的，也有以电商业务变现为主的。

随着大数据、5G、AI 技术的发展，MCN 机构目前作为短视频营销的重要一环，想要进一步提高变现效率，推动行业创新，就要让新媒体运营者紧紧把握创新趋势。

MCN 模式仍处于成长期。艾媒咨询分析师认为，商业变现形式单一、红人孵化机制不成熟、内容同质化、行业版权保护意识薄弱、负面舆情多等成为中国 MCN 产业发展面临的主要难题与挑战。未来，中国 MCN 将要进一步加强行业监管力度、融入互联网行业新兴技术、深耕内容垂直行业，同时积极开拓国外市场。

## 14.4 知识付费，干货内容引得众人追捧

从 2016 年付费音频栏目及产品的遍地开花，到 2020 年短视频知识付费的日趋成熟，可以发现，人们很需要减轻学习带来的时间压力。知识付费是一种对于知识传播的颠覆性改变，与以往对学习"枯燥""单调"等的传统印象完全不同，短视频与知识的结合可以让人们在更短的时间内更高效地得到知识。

让知识的价值在得到体现的同时成功变现，从内容上看，可以分为两种形式，一种是细化专业咨询，另一种是教学课程收费。

### 14.4.1 细分专业咨询，用户更愿意买单

知识付费经过数年成长，正在逐渐趋于成熟。如今，用户收看的内容越来越广泛，但无法对内容有较为全面的认识，筛选内容所用的时间越来越少。这就意味着，当新的内容进入这个领域时，它的变现周期会缩短，需要短视频平台提供更加精细化的内容，以满足用户的不同需求。知识付费的优势如图 14-20 所示。

图 14-20　知识付费的优势

2016 年知识付费兴起，部分用户出于"看热闹"而购买产品。如果只是付费，想要进一步发展，平台还需要通过更丰富的服务"留住"用户。知识付费如今已经从职场切换到 K12、幼儿教育等领域，为了符合更多的消费者群体，新知榜也把优秀的杂志内容加入进来。例如，抖音短视频平台的"DOU 知计划"，为用户带来权威的知识创作者，同时积极发掘和培养"专攻术业"的创作人才。该计划有来自各大学术机构的领军人物，也有许多来自各行各业的"有识之士""草根达人"，整个计划都为抖音短视频平台扩充着知识内容。

### 14.4.2 在线课程教授，知识属性更强大

"知识付费"的消费者大多是上班族，他们希望能够通过学习为自己增值。知识付费产品能够迅速虏获众多用户的原因之一就是"碎片化学习"，随时随地可以开始与暂停，不用看书，没有作业。在线教育解决了传统教育的时空限制问题，提供了更为灵活的学习模式，教学课程的内容更加专业化，更具有指向性，为学习知识带来了更多的可能性。很多平台已经形成了成熟的变现模式，如混沌大学、腾讯课堂、网易云课堂、网易公开课、中国大学 MOCC（慕课）、作业帮直播课等平台。图 14-21 为网易公开课的首页。

视知 TV 是以知识付费为主的短视频新媒体，是业内公认的知识短视频第一品牌，核心是"为你解释世界，打造知识短视频矩阵"。视知 TV 以短视频为载体，以知识为内容核心，将专业、晦涩的内容转换成图片、漫画、视频等，并结合垂直"需求场景"进行应用，为用户提供系统支撑和持续的知识服务。视知 TV 以知识短视频切入诸多垂直领域，创作的短视频涵盖人文百科（视知百科）、生命健康（医学信息研究所）、女性情感提升（女子力科学社）、汽车（视知车学院、今晚选车）、财富和职业提升（人生资本论）、男士服饰与生活方式（本格男士）、宠物（喵客帝国）等垂直领域。图 14-22 所示为 ACFUN 平台上的视知 TV 合辑页面。

图 14-21　网易公开课首页

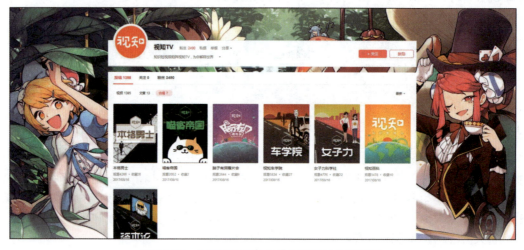

图 14-22　ACFUN 平台上的视知 TV 合辑页面

## ▶ 14.5　大咖式变现，衍生模式也可成功获利

除电商变现、广告变现、打造标签化 IP 和知识付费这些变现模式外，短视频还出现了大咖式的变现模式，这种模式有的是从经典的变现模式衍生出来的，有的是根据短视频的特点发展而来的，常见的有四方面：流量分成、平台补贴、版权收入和企业融资。

### 14.5.1　流量分成，变现的基本保障

短视频较为常见的变现模式就是参与平台任务以得到流量分成，分成方式多种多样。例如，将用户引流到淘宝、京东或拼多多等购物平台，用户消费后即可产生佣金，可以对佣金进行分成。现阶段，很多短视频平台也在使用这种变现方式，以自媒体平台百家号为例，创作者在该平台上可以得到流量分成，图 14-23 所示为创作者在百家号上的收益界面。

图 14-23 创作者在百家号上的收益界面

但是创作者在百家号平台上并非一开始就能获得流量分成，前期的主要收入来源是广告收益，等账号慢慢"养成"后，才可以获得流量分成。

企鹅媒体平台的分成模式及要求相对而言简单许多，创作者在企鹅媒体平台的收入来源于天天快报、腾讯新闻产生的有效流量补贴。想要得到企鹅平台的收益，创作者要满足一定的要求，如图14-24所示。

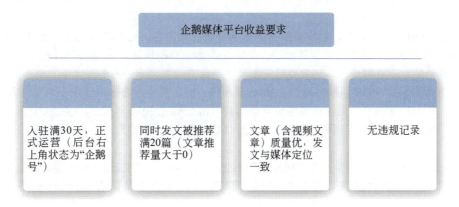

图 14-24 企鹅媒体平台收益要求

### 14.5.2 平台补贴，诱人的资金策略

平台补贴是吸引短视频创作者的最佳手段，如微视平台在 2018 年拿出 30 亿元补贴创作者。搜狗号：收益暂时是扶持计划（定向补贴：10~50 元每条，运营每天筛选）、红包计划和活动的补贴等。百度经验：对于新账号来说，需要在平台上传内容（如果开号后 3 个月没有上传过优质的内容，都可以算作新账号），有机会获得新人奖，开号当月通过至少 3 条优质视频，即可获得 1000 元的新人奖；百度经验伯乐计划奖，可以邀请身边优质的创作者一起加入百度经验，百度经验会颁发一个伯乐奖；百度经验热点奖，结合优质的内容打卡发布内容，官方审核通过后，就会有 1000 元的奖励。

短视频红利肯定是存在的，平台与创作者保持着互相依赖、共生共荣的关系。平台补贴既可以吸引内容创作者，也可以让创作者获取利益，如图 14-25 所示。

| 平台 |
|---|
| • 通过诱人的补贴政策吸引内容创作者在平台上生产内容，从而获取用户。 |
| 创作者 |
| • 可以将自己创作的内容作为平台的资源，以此为基础上传到众多平台，得到多平台补贴。 |

图 14-25　平台补贴对创作者的意义

如今，平台普遍不再将现金作为优质内容的主要鼓励手段，而是将焦点放在了内容创作、变现指导上，尽可能在内容消费闭环的功能搭建、用户消费行为养成、创作者商业资源扶持、创作指导、变现收益加成等方面进行扶持。这样的扶持机制，一方面有利于保护平台资产，避免某些投机取巧的创作者"薅羊毛"，维护了创作者的利益和积极性；另一方面，鼓励内容变现也意味着提高了创作者的生存门槛，保证了创作内容的质量，从而产生优胜劣汰的竞争环境。

### 14.5.3　版权收入，巧妙的变现模式

随着短视频的迅猛发展，不难发现各大短视频平台都存在着创作者被侵权的现象，目前主要有 6 种侵权的形式：一是直接盗取使用；二是将长视频拆成短视频；三是采取画中画的叠加方式；四是搬运者未经许可对影视作品等进行二次创作；五是对短视频进行微加工转发，如删除片头和片尾、将 Logo 打码等；六是对创作者的内容进行复制翻拍。目前使用的版权保护技术手段除了传统的指纹技术、水印模型外，还有灵识系统，可将文件与其他上传到平台的视频进行对比。哔哩哔哩公司高级法务总监陈陆敏建议建立惩罚机制，通过区块链技术、互联网法院等促进版权保护案的公正性、合法性，让有侵权"前科"的账号可一而不可再。

### 14.5.4　企业融资，侧面的赢利方法

艾媒报告显示："从细分领域来看，短视频融资的重点为短视频内容，融资事件比例达到 26.3%，这说明短视频投资分布开始从前两年火热的平台转向产业链上游，集中在内容生产制作环节。"随着 5G 技术的落地，短视频行业将迎来新的挑战。现阶段，企业融资进入短视频行业主要以平台方为主，平台方的吸金能力明显高于内容制作方。

另外，投资方更加偏好对 MCN 机构的融资。2020 年 8 月 8 日，窝牛投资选择武汉小象懂你网络科技有限公司，投资额超过千万元，顺利完成融资。武汉小象懂你网络科技有限公司在 2012 年成立，经过 8 年的发展，目前已经成为抖音、快手、腾讯看点、全民小视频等平台官方认证的 MCN 机构，完成了从一家整合营销公司到一家投资型营销公司的升级。

经过本次融资后，小象懂你将持续拓展专业化、精细化的制作内容，并加速在短视频以及直播领域的布局，继续为传统企业提供线上转型的解决方案，促进企业的线上营销转化，从而在短视频直播产业发展中抢占先机。

# 参 考 文 献

[1] 中国利川网. 利川孵化千名农民主播"村播"计划成脱贫新动作 [DB/OL]. (2019-04-11)[2022-06-23]. http://www.ilichuan.com.cn/tpgs/2013732.htm.

[2] 光明网. 人民日报撰文谈淘宝直播："村播计划"让脱贫搭上"电商快车"[DB/OL]. (2019-1-15)[2017-06-23]. https://it.gmw.cn/2019-01/15/content_32355303.htm.

[3] 王君. 试论媒体融合的发展"轨迹"[J]. 中国广播, 2018, 002(005): 45-49.

[4] 张耀铭. 学术期刊与新媒体融合的关键与进路 [J]. 济南大学学报（社会科学版）, 2016, (18): 91-92.

[5] 迟宝策. 谈自媒体背景下激励大学生自主学习的策略设计 [C]. 辽宁省高等教育学会 2017 年学术年会优秀论文二等奖论文集.

[6] 央视网.《互联网新闻信息服务管理规定》发布 6 月 1 日起施行 [DB/OL]. (2017-5-2)[2022-06-23]. http://news.cctv.com.

[7] 邓涛, 尹君, 宁俊禄, 等. 新媒体融合下的短视频制作技术 [J]. 河南科技. 2019, 02(04): 48-49.

[8] 严小芳. 移动短视频的传播特性和媒体机遇 [J]. 东南传播, 2016, 2(2):90-92.

[9] 郝萍. 发力短视频 唤醒电视内容原力 [J]. 新闻前哨, 2018, 002(04): 1-3.

[10] 罗懿. 浅谈中国微电影的现状与发展的若干建议 [J]. 金田, 2013, 5(6): 79.

[11] 李东临. 新媒体运营 [M]. 天津：天津科学技术出版社, 2018.

[12] 陈维贤. 如何撰写活动背景？从 4 个角度找到自己"为什么要做活动"[N]. 人人都是产品经理, 2020-11-04(2).

[13] 梁筱琦. 活动运营：线上活动的四个方面与五点要素 [N]. 人人都是产品经理, 2020-11-04(2).

[14] 陈勇, 张洋. 科技期刊微信平台运营初探——以《中国机械工程》为例 [J]. 湖北师范学院学报：自然科学版, 2016, 36(3): 38-45.

[15] 赵淳宇, 曾国勋. 机电产品市场营销 [M]. 成都：西南交通大学出版社, 2008.

[16] 虞萍. AR 技术在机电设备招标领域的应用分析 [J]. 机电信息, 2019, 600(30): 141-142.

[17] 魏菊霞."赛教融合"模式下"虚拟现实"课程的教学模式研究与实践 [J]. 计算机工程与科学, 2019(S1).

[18] 刘欢. 短视频市场将达 300 亿 新一轮移动互联网的风口？[N]. 中国日报网, 2019-5-8.

[19] 艾瑞. 中国手持云台行业研究报告 [N]. 艾瑞网, 2018-6-7.

[20] 张耀铭. 学术期刊与新媒体融合的关键与进路 [J]. 济南大学学报（社会科学版）, 2018, 28(003): 5-23.

[21] 张菁, 关玲. 影视视听语言 [M]. 2 版. 北京：中国传媒大学出版社, 2014.

[22] 电子商务网页图像制作（Adobe Photoshop）[DB/CD]. 2 版. 上海：劳动出版社精品课件, 2020.

[23] 彭欣. 微信谣言的传播与治理研究 [J]. 新闻研究导刊, 2015, 6(014): 259-260.

[24] 刘雪梅, 罗盈盈. 新媒体内容生产的产品化路径——以"界面"为例 [J]. 新闻与写作, 2015, 000(012): 103-106.